ABITUR-TRAINING

Deutsch

Gedichte analysieren und interpretieren

Peter Wöhrle

1. Auflage 2020

Inhaltsverzeichnis

Im Hinblick auf eine eventuelle Begrenzung des Datenvolumens wird empfohlen, dass Sie sich beim Ansehen der Videos im WLAN befinden. Haben Sie keine Möglichkeit, den QR-Code zu scannen, finden Sie die Lernvideos auch unter: http://qrcode.stark-verlag.de/944095V

Vorwort

Johann Wolfgang von Goethe
Gedichte sind gemalte Fensterscheiben (1827)

Gedichte sind gemalte Fensterscheiben!
Sieht man vom Markt in die Kirche hinein,
Da ist alles dunkel und düster;
Und so siehts auch der Herr Philister.[1]
Der mag denn wohl verdrießlich sein
Und lebenslang verdrießlich bleiben.
Kommt aber nur einmal herein!

Begrüßt die heilige Kapelle;
Da ists auf einmal farbig helle,
Geschicht und Zierat[2] glänzt in Schnelle,
Bedeutend wirkt ein edler Schein,
Dies wird euch Kindern Gottes taugen,
Erbaut euch und ergetzt die Augen!

1 Philister: Spießbürger, kleingeistiger Mensch

2 Zier(r)at: Ornamente, Verzierung

Nicht jedem mögen wie Goethe Gedichte als gemalte Kirchenfenster erscheinen, deren Schönheit sich erst erschließt, wenn man sich ins Kircheninnere hineinbegeben hat. Manchem erscheinen sie vielleicht gar als blinde Scheiben, die keinen Durchblick erlauben und die erst recht nicht – wie für den Dichterfürsten – zum „Ergetzen der Augen" beitragen. Lyrik genießt unter Schülerinnen und Schülern häufig keinen allzu guten Ruf. Das liegt unter anderem daran, dass sich viele Gedichte nicht auf Anhieb, d. h. beim ersten Lesen, erschließen – bei epischen Texten hat man dagegen in der Regel wenigstens einen unmittelbaren Zugang zur erzählten Handlung. Lässt man sich jedoch auf ein Gedicht ein und befolgt wichtige Arbeitsschritte, dann kann man sich nicht nur für Lyrikklausuren wappnen, sondern sogar Gefallen an Gedichten finden.

Mit diesem Buch lernen und trainieren Sie ein Vorgehen, mit dem Sie die Interpretation eines Gedichts in einer Klausurensituation gut meistern können. Fachbegriffe werden auf verständliche Weise erläutert, Gedichtbeispiele veranschaulichen deren Bedeutung und Funktion und in Übungen wenden Sie das Gelernte an.

Auch wenn Sie sich am Ende immer noch nicht – um in Goethes Bild zu bleiben – an den gemalten Fensterscheiben „ergetzen" können, so verstehen Sie vielleicht doch, wie deren Wirkung erzeugt wurde.

Folgendes bietet Ihnen das Buch:

- In übersichtlichen **Wissenskästen** und **Grafiken** werden zentrale Lerninhalte und Strategien vorgestellt.
- **Beispiele** veranschaulichen die Lerninhalte und führen Möglichkeiten der Interpretation vor.
- Einprägsame **Tipps** geben Ihnen Mittel an die Hand, wie Sie Ihre Gedichtanalyse noch besser gestalten können.
- Mit abwechslungsreichen **Übungen** trainieren Sie Schritt für Schritt die eigenständige Analyse lyrischer Texte.
- Mit **Tests** am Ende jedes Kapitels können Sie überprüfen, wie gut Sie die Inhalte verstanden haben und die gelernten Strategien anwenden können.
- Am Ende des Buches finden Sie **ausführliche Lösungsvorschläge** zu allen Übungen und Tests. Sie können diese zur Selbstkontrolle, aber auch als Anregung nutzen, wie man eine Gedichtanalyse formulieren kann.

Viel Spaß beim Üben und viel Erfolg bei Ihrer nächsten Klausur!

Peter Wöhrle

Dr. Peter Wöhrle

Vorbemerkung zur Gedichtanalyse

Was ist Lyrik?

Literarische Texte lassen sich in drei Großgruppen, die sogenannten **Gattungen**, einteilen. Neben der Epik (erzählende Texte wie Kurzgeschichten, Novellen, Romane) und der Dramatik (für die Aufführung auf einer Bühne gedachte Texte in sogenannter Wechselrede) gibt es die Lyrik, deren Texte man im Allgemeinen als Gedichte bezeichnet. Ein zentrales Kennzeichen der Lyrik ist die **Strukturierung in Verse**. Darüber hinaus können als Merkmale die **relative Kürze** (im Vergleich zu Drama, Roman und Novelle) sowie die starke sprachliche Verdichtung bzw. die sogenannte **Überdeterminiertheit** gelten: Lyrische Texte sind meist stilistisch stark durchgestaltet, Wörter bzw. Wortfolgen haben oft nicht nur eine feste, wörtliche Bedeutung. So spielen beispielsweise auch ihre Stellung im Satz, ihr Klang, die von ihnen geöffneten Vorstellungsräume eine besondere Rolle.

Die Lyrik gilt zudem als eine Gattung, die in besonderem Maße von **Subjektivität** geprägt ist. Die meisten Gedichte dienen in irgendeiner Weise dem Ausdruck subjektiven Empfindens oder subjektiver Anschauung. Lange Zeit wurde die Lyrik deshalb als unmittelbarste Gattung angesehen, da aus einem Gedicht – so die Annahme – der Schriftsteller direkt spräche. Von dieser Identität von Autor und Aussagesubjekt wird heute nicht mehr ausgegangen. Stattdessen hat sich der **Begriff des lyrischen Ichs** eingebürgert, mit dem das Aussagesubjekt gemeint ist, das man nicht einfach mit dem Autor gleichsetzen darf.

Worauf kommt es bei einer Gedichtinterpretation an?

Bei der Gedichtinterpretation untersuchen Sie drei Ebenen: die inhaltliche, die formale und die sprachliche Ebene. Die inhaltliche Ebene bezieht sich auf thematische Aspekte wie beispielsweise die vermittelte Stimmung, das Vorkommen von Akteuren oder auch die beschriebene Szenerie. Hier setzen Sie sich also mit dem „**Was**" auseinander. Um das „**Wie**" geht es auf den beiden anderen Ebenen: Bei der formalen Ebene untersuchen Sie die äußere Form, zu der unter anderem das Metrum, das Reimschema und die strophische Gliederung gehören. Die sprachliche Ebene umfasst vor allem rhetorische Mittel, aber auch Aspekte des Satzbaus und der Wortwahl.

Bei einer Interpretation ist es wichtig, die **Einzelaspekte**, die man bei der Analyse des Textes erschlossen hat, zu einer **in sich schlüssigen Deutung** zusammenzuführen. Deuten bzw. Interpretieren heißt, dass Sie die inhaltlichen, formalen und sprachlichen Teilaspekte in ihrer **Funktion für die Aussage und Wirkung des Gedichts** betrachten und darstellen – also nicht einfach Beobachtungen zusammenhangslos aufzählen.

Wie sollte ich meine Zeit einteilen?

In einer Klausur, in der es ein Gedicht zu interpretieren gilt, ist es sinnvoll, nacheinander die folgenden Arbeitsschritte zu gehen. Sie sind hier beispielhaft für eine Klausurendauer von 180 Minuten mit dem ungefähr dafür vorgesehenen Zeitrahmen versehen. Je nach Stärken und Schwächen kann der individuelle Zeitbedarf bei der Bearbeitung der einzelnen Schritte selbstverständlich variieren.

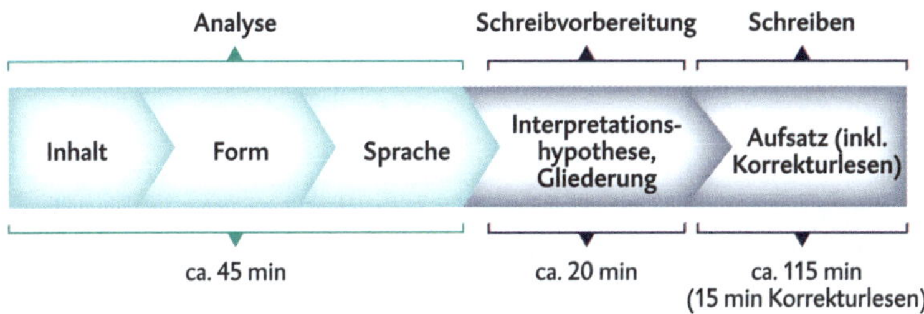

Der zeitliche Rahmen muss in Abhängigkeit von der konkreten Aufgabenstellung eventuell enger gefasst werden, z. B. wenn noch ein weiterer Schreibauftrag zu erledigen ist.

Der Untersuchung der drei Ebenen eines Gedichts sind die ersten drei Kapitel des Bandes gewidmet (Schritt 1–3). Im vierten Kapitel trainieren Sie, die Analysebefunde in einer Interpretationshypothese zusammenzuführen und mit einer Gliederung den Aufsatz vorzubereiten (Schritt 4). Wie Sie diesen schließlich gelungen ausformulieren, lernen Sie in Kapitel 5. Für den Gedichtvergleich – eine in der Oberstufe häufige Aufgabenform – können Sie sich in Kapitel 6 (Exkurs) rüsten.

Schritt 1: Analyse – Inhaltliche Ebene

Der erste Schritt besteht in einer Untersuchung des Inhalts, bei der Sie Aspekte der Form und der Sprache erst einmal weitgehend außen vor lassen können. In manchen Fällen werden Sie aber möglicherweise schon sprachliche Mittel berücksichtigen müssen – beispielsweise wenn sich die inhaltliche Ebene ohne die „Übersetzung“ von Metaphern nicht adäquat erschließen lässt.

Die inhaltliche Analyse an den Anfang zu stellen, ist deshalb ratsam, weil der Zugang zu einem Gedicht über den Inhalt in der Regel am leichtesten gelingt. Sie können sich dabei an das folgende Schema halten, bei Schritt 3 bis 5 die Reihenfolge aber auch variieren:

Rahmeninformationen ansehen, Vorwissen aktivieren → Erste inhaltliche Orientierung → Gedicht in Abschnitte gliedern, Gedichtstruktur erkennen → Lyrisches Ich untersuchen → Adressatenbezug herausarbeiten

1 Rahmeninformationen

Einen ersten Zugang zum Text kann man schon erhalten, bevor man das Gedicht selbst liest. Sehen Sie sich dafür die Rahmeninformationen an.

WISSEN

Zu den Rahmeninformationen gehören der **Autor** und das **Publikations-** bzw. **Entstehungsdatum**. Bei entsprechendem Vorwissen zu diesen textexternen Informationen können Sie bereits eine Erwartung entwickeln, an die Sie bei der Lektüre und Analyse des Gedichts anknüpfen können – entweder indem Sie diese bestätigt finden oder indem Sie diese korrigieren müssen.

TIPP

Manchmal werden Ihnen in einer Anmerkung oder Fußnote Informationen zum Autor gegeben – vor allem wenn dieser nicht zuvor im Unterricht Thema gewesen ist. Solche Anmerkungen schon zu diesem frühen Zeitpunkt in der Analyse zu berücksichtigen, kann sich durchaus lohnen. Denn häufig enthalten sie wichtige Informationen, mit denen Sie das Gedicht besser in eine Schaffensperiode oder Epoche einordnen können.

Johann Wolfgang von Goethe
Heidenröslein (entst. 1771)

Sah ein Knab' ein Röslein stehn,
Röslein auf der Heiden,
War so jung und morgenschön,
Lief er schnell, es nah zu sehn,
Sah's mit vielen Freuden.
Röslein, Röslein, Röslein rot,
Röslein auf der Heiden.

Knabe sprach: Ich breche dich,
Röslein auf der Heiden!
Röslein sprach: Ich steche dich,
Daß du ewig denkst an mich,
Und ich will's nicht leiden.

- Basiswissen zum literaturhistorischen Kontext: Epoche der Aufklärung und des Sturm und Drang
- Wissen zum biografisch-literaturhistorischen Kontext: Goethe in dieser Zeit als Vertreter des Sturm und Drang
- Vertieftes Wissen zum biografischen Kontext: Goethe in dieser Zeit in Friederike Brion verliebt; Entstehungszeitpunkt der *Sesenheimer Lieder* (darunter: *Maifest*, *Willkommen und Abschied*)

→ Erwartung: Sturm-und-Drang-Gedicht (starke Emotionalität)

1 Aktivieren Sie Ihr Vorwissen zu Autor und Entstehungszeit der folgenden Gedichte. Schreiben Sie neben dem Text auf, was Sie hierzu wissen. Formulieren Sie darüber hinaus Ihre Erwartung an den Inhalt der Gedichte.

Heinrich Heine
Die Bergstimme (entst. zw. 1817 u. 1821, veröff. 1827)

Ein Reiter durch das Bergtal zieht,
Im traurig stillen Trab:
Ach! zieh ich jetzt wohl in Liebchens Arm,
Oder zieh ich ins dunkle Grab?
Die Bergstimm Antwort gab:
Ins dunkle Grab!

Georg Heym
Die Meerstädte (1911)

Mit den segelnden Schiffen fuhren wir quer herein
In die Städte voll Nacht und frierender Häfen Schein.
Tausend Treppen leere hingen zum Meere breit,
Dunkel die Schiffer schwangen den Feuerscheit.

Die Gärten der Meere mit silbernen Straßen gefüllt
Dehnten sich unter der Sterne Bild
Und die riesigen Fische gingen im goldenen Kleid

TIPP

Halten Sie sich in einer Klausurensituation nicht zu lange mit der Untersuchung der Rahmeninformationen auf. Die Aktivierung des Vorwissens sollte eher wie nebenbei ablaufen.

Äußerst aufschlussreich ist in der Regel auch der **Gedichttitel**. Fast immer lohnt es sich, den Titel in Bezug zum Text zu setzen. Dies gelingt Ihnen am besten, wenn Sie sich vor dem ersten Lesen die Erwartung bewusst machen, die Sie angesichts des Titels an das Gedicht haben.

WISSEN

Der **Gedichttitel** ist vom Autor in der Regel sorgfältig gewählt, denn er steuert die Erwartungsbildung des Lesers in besonderem Maße. Der Titel kann beispielsweise Aufschluss geben über:

- das Thema des Gedichts
- den „Gegenstand" des Gedichts
- das Rollen-Ich des Sprechers (siehe hierzu S. 16)
- einen „Akteur" des Gedichts
- den Adressaten des Gedichts
- einen biografischen Bezug des Gedichts

Achtung: Falls der Titel eines Gedichts dem ersten Vers entspricht, dann ist er in der Regel nicht vom Autor selbst gesetzt, sondern wurde nachträglich, z. B. von einem Herausgeber, hinzugefügt. In diesem Fall ist die Einbeziehung des Titels meist nicht relevant.

BEISPIEL

Autor und Gedichttitel	Mögliche Bedeutung des Titels
Rainer Maria Rilke: Abschied	■ Thema des Gedichts
Conrad F. Meyer: Der römische Brunnen	■ „Gegenstand" des Gedichts
Clemens Brentano: Der Spinnerin Nachtlied	■ Rollen-Ich des Sprechers
Johann Peter Uz: An die Musen	■ Adressaten des Gedichts
Johann W. Goethe: An Charlotte von Stein	■ Adressatin des Gedichts, biografischer Bezug des Gedichts
Friedrich Schiller: Der Taucher	■ Akteur des Gedichts

2 **a** Überlegen Sie, worauf die Titel der Gedichte *Die Meerstädte* und *Heidenröslein* (S. 7) hindeuten. Formulieren Sie Ihre Leseerwartung.

b Ordnen Sie die folgenden Titel den rechts aufgeführten Begriffen zu und formulieren Sie für zwei der Gedichte Ihre Leseerwartung.

Theodor Fontane: Archibald Douglas	**Rollen-Ich des Sprechers**
Friedrich Schiller: Das Lied von der Glocke	**Adressat des Gedichts**
Ludwig Uhland: Des Knaben Berglied	**Gegenstand des Gedichts**
Johann Wolfgang von Goethe: An Schwager Kronos	**Thema des Gedichts**
Georg Heym: Der Krieg	**„Akteur" des Gedichts**

In einer Klausurensituation ist es aus Zeitgründen nicht ratsam, dass Sie Ihre Leseerwartung ausformulieren. Es lohnt sich aber, sich diese vorab gedanklich bewusst zu machen.

2 Erster inhaltlicher Überblick

Im nächsten Schritt folgt eine erste Lektüre des Gedichts. Wenn Sie für eine Klausur üben, ist es sinnvoll, das Gedicht laut zu lesen, da dies das Verständnis eines Gedichts fördert. In einer Klausur empfiehlt es sich, das Gedicht bewusst langsam zu lesen. Es hilft Ihnen, wenn Sie dazu den Mund wie beim Vorlesen bewegen. Beim zweiten Lesen machen Sie sich dann am besten erste Notizen zu folgenden Aspekten des Gedichts:

WISSEN 

Aspekte für die erste Orientierung im Text

- Thema des Gedichts, z. B. die Beschreibung einer Landschaft, Schilderung eines Erlebnisses, Darstellung der inneren Verfassung eines lyrischen Ichs
- Situation, Ort und Zeit – sofern diese bestimmbar sind. Hierzu gehört auch die Frage, ob ein Vorgang oder eine Entwicklung beschrieben wird.
- „Akteure“ (z. B.: lyrisches Ich, Adressat, Akteure in der dritten Person)
- Schlüsselwörter oder wiederkehrende Wendungen

Wilhelm Müller
Der Lindenbaum (1823)

Am Brunnen vor dem Thore
Da steht ein Lindenbaum:
Ich träumt' in seinem Schatten
So manchen süßen Traum.

Ich schnitt in seine Rinde
So manches liebe Wort;
Es zog in Freud und Leide
Zu ihm mich immer fort.

Ich mußt' auch heute wandern
Vorbei in tiefer Nacht,
Da hab' ich noch im Dunkel
Die Augen zugemacht.

Und seine Zweige rauschten,
Als riefen sie mir zu:
Komm her zu mir, Geselle,
Hier findst Du Deine Ruh'!

Die kalten Winde bliesen
Mir grad' in's Angesicht;
Der Hut flog mir vom Kopfe,
Ich wendete mich nicht.

Nun bin ich manche Stunde
Entfernt von jenem Ort,
Und immer hör' ich's rauschen:
Du fändest Ruhe dort!

- Thema des Gedichts: Sehnsucht nach einem Lindenbaum
- Situation, Ort und Zeit:
  - Situation: offenbar ist das lyrische Ich vom vertrauten Baum fortgewandert
  - Ort: Lindenbaum, fern des Lindenbaums
  - Zeit: ältere Vergangenheit (Aufenthalt beim Lindenbaum), jüngere Vergangenheit (früher am Tag bzw. noch in der Nacht), Gegenwart (Situation der Erinnerung)
- Akteure: lyrisches Ich, das sich erinnert
- Schlüsselwörter:
  - Lindenbaum
  - Ruh'/Ruhe

TIPP

Schlüsselwörter zu identifizieren, ist nicht immer ganz einfach – viele Gedichte haben auch keine solchen zentralen Begriffe. Halten Sie sich damit nicht zu lange auf.

3 Verschaffen Sie sich einen ersten Überblick über das folgende Gedicht von Johann Wolfgang von Goethe. Bestimmen Sie das Thema des Textes, die Situation, den Ort und die Zeit, eventuelle Akteure und Schlüsselwörter.

Johann Wolfgang von Goethe
Rezensent (1774)

Da hatt ich einen Kerl zu Gast,
Er war mir eben nicht zur Last;
Ich hatt just[1] mein gewöhnlich Essen,
Hat sich der Kerl pumpsatt gefressen,
Zum Nachtisch, was ich gespeichert hatt'.
Und kaum ist mir der Kerl so satt,
Tut ihn der Teufel zum Nachbar führen,
Über mein Essen zu räsonieren[2]:
„Die Supp hätt können gewürzter sein,
Der Braten brauner, firner[3] der Wein."
Der Tausendsakerment[4]!
Schlagt ihn tot, den Hund! Es ist ein Rezensent.

1 *just: eben gerade*

2 *räsonieren: sich wortreich äußern*

3 *firn: alt*

4 *Tausendsakerment: Fluchwort*

3 Gedichtaufbau

Nachdem Sie sich einen ersten Überblick verschafft haben, gilt es, sich intensiver mit dem Inhalt auseinanderzusetzen. Hierbei hilft es besonders, den Aufbau des Gedichts näher in Augenschein zu nehmen. Am besten markieren Sie mit Klammern die einzelnen **Sinnabschnitte** des Textes und fassen knapp deren Inhalt zusammen. In manchen Gedichten fallen diese mit den Strophen zusammen – aber nicht immer. Sinnabschnitte sind daran zu erkennen, dass etwas Neues im Text angesprochen wird, z. B. wenn ein verändertes Gefühl in den Fokus rückt, das Gedichtthema von einer anderen Seite betrachtet wird oder Akteure, Zeiten oder Orte sich verändern.

Es ist sinnvoll, Bezüge zwischen einzelnen Sinnabschnitten mit beschrifteten Pfeilen zu verdeutlichen, beispielsweise wenn zunächst innere Konflikte und danach deren äußere Folgen thematisiert werden. Ein solches Vorgehen hilft Ihnen dabei, die „Logik“ des Gedichts bzw. seine „Architektur“ zu erschließen.

WISSEN

Der Aufbau eines Gedichts

Jedes Gedicht hat einen individuellen Aufbau. Für die Beschreibung des Aufbaus können ganz verschiedene Begriffe verwendet werden – zu den nützlichsten gehören die folgenden:

- Anfang, Hauptteil, Schluss
- Bedingung, Voraussetzung, Folge
- Frage, Antwort
- Reihung, Parallelisierung, Übertragung
- Steigerung, Entwicklung, Höhepunkt, Wendepunkt, Ausklang
- Bruch, Gedankensprung
- Gegensatz, Kontrast
- Achse, Zentrum, Rahmung
- Perspektivwechsel
- Spiegelung
- bei argumentativen Gedichten: Argumentationsverlauf, Fazit, Beleg

August von Platen
Wer wußte je das Leben recht zu fassen (1828)

Wer wußte je das Leben recht zu fassen,
Wer hat die Hälfte nicht davon verloren
Im Traum, im Fieber, im Gespräch mit Toren,
In Liebesqual, im leeren Zeitverprassen?

Ja, der sogar, der ruhig und gelassen,
Mit dem Bewußtsein, was er soll, geboren,
Frühzeitig einen Lebensgang erkoren,
Muß vor des Lebens Widerspruch erblassen.

Denn jeder hofft doch, daß das Glück ihm lache,
Allein das Glück, wenn's wirklich kommt, ertragen,
Ist keines Menschen, wäre Gottes Sache.

Auch kommt es nie, wir wünschen bloß und wagen:
Dem Schläfer fällt es nimmermehr vom Dache,
Und auch der Läufer wird es nicht erjagen.

Unfassbarkeit des Lebens für den Menschen (V. 1–8)

Begründung („Denn")

Unmöglichkeit des Glücks (V. 9–14)

Hoffnung (V. 9) ↔ *Gegensatz* ↔ *desillusionierende Realität* (V. 10–14)

Macht und Unberechenbarkeit des Glücks wurden in der Antike von zwei Göttinnen verkörpert: Occasio, der Göttin der Gelegenheit, sowie Fortuna, der Göttin des Schicksals.

Wenn Sie den Gedichtaufbau erschlossen haben, dann verfügen Sie in der Regel schon über ein vertieftes inhaltliches Verständnis. An dieser Stelle können Sie überlegen, wie sich das Gedicht einordnen lässt: Handelt es sich um Erlebnislyrik, um Stimmungslyrik oder um Gedanken- bzw. Reflexionslyrik? Oder lässt sich das Gedicht thematisch beispielsweise als Stadtlyrik, Naturlyrik, religiöse Lyrik oder politische Lyrik einordnen?

4 Teilen Sie Erich Frieds Gedicht *Bevor ich sterbe* in Sinnabschnitte ein und verdeutlichen Sie den Gedichtaufbau.

Erich Fried
Bevor ich sterbe (1981)

Noch einmal sprechen
von der Wärme des Lebens
damit noch einige wissen:
Es ist nicht warm
aber es könnte warm sein

Bevor ich sterbe
noch einmal sprechen
von Liebe
damit noch einige sagen:
Das gab es
das muss es geben

Noch einmal sprechen
vom Glück der Hoffnung auf Glück
damit noch einige fragen:
Was war das
Wann kommt es wieder?

4 Lyrisches Ich

Der Autor eines Gedichts ist nicht mit dem sich im Gedicht äußernden Sprecher gleichzusetzen. Den Sprecher nennt man in der Regel „lyrisches Ich“. Eine Alternativbezeichnung ist „poetischer Sprecher“.

WISSEN

Je nach Gedicht kann das lyrische Ich verschieden stark und auf unterschiedliche Art und Weise präsent sein:

- Das **lyrische Ich** tritt **nicht erkennbar** in Erscheinung. Es fehlen Personal- oder Possessivpronomen in der ersten Person. Hier kann man statt von einem lyrischen Ich auch von einer Sprechinstanz oder vom lyrischen Subjekt reden.
- Das **lyrische Ich** ist klar **erkennbar** durch z. B. Personal- oder Possessivpronomen in der ersten Person. Von Interesse für die Interpretation ist es, ob dem lyrischen Ich ein eigenes Profil verliehen wird oder ob es nicht näher charakterisiert ist. Gelegentlich spricht das lyrische Ich auch in der Wir-Form.
- Ein Sonderfall ist die **Rollenlyrik**, bei der das lyrische Ich in eine Rolle schlüpft.
  Das kann eine mythologische Figur (z. B. Prometheus), eine historische Persönlichkeit (z. B. Napoleon), ein Typ (z. B. der Melancholiker) etc. sein.

BEISPIEL

Johann Wolfgang von Goethe
Der Park (entst. 1782, veröff. 1789)

Welch ein himmlischer Garten entspringt aus Öd’ und aus Wüste,
Wird und lebet und glänzt herrlich im Lichte vor mir.
Wohl den Schöpfer ahmet ihr nach, ihr Götter der Erde!
Fels und See und Gebüsch, Vögel und Fisch’ und Gewild.
Nur, daß euere Stätte sich ganz zum Eden[1] vollende,
Fehlet ein Glücklicher hier, fehlt euch am Sabbat die Ruh’.

1 *Eden: paradiesischer Garten*

Das **lyrische Ich** in diesem Gedicht bleibt eher unscheinbar, wird aber in V. 2 ausdrücklich genannt („mir“). Es bleibt ohne Profil und wird nicht näher charakterisiert. Als erlebendes Subjekt, das den Park als fast vollendeten Ort wahrnimmt und sich an ihm erfreut, ist es jedoch im gesamten Gedicht präsent.

5 Untersuchen Sie, wie präsent das lyrische Ich in dem folgenden Gedicht ist, und beschreiben Sie es.

Clemens Brentano
Der Spinnerin Nachtlied (1802)

Es sang vor langen Jahren
Wohl auch die Nachtigall,
Das war wohl süßer Schall,
Da wir zusammen waren.

Ich sing' und kann nicht weinen,
Und spinne so allein
Den Faden klar und rein
So lang der Mond wird scheinen.

Als wir zusammen waren
Da sang die Nachtigall
Nun mahnet mich ihr Schall
Daß du von mir gefahren.

So oft der Mond mag scheinen,
Denk' ich wohl dein allein,
Mein Herz ist klar und rein,
Gott wolle uns vereinen.

Seit du von mir gefahren,
Singt stets die Nachtigall,
Ich denk' bei ihrem Schall,
Wie wir zusammen waren.

Gott wolle uns vereinen
Hier spinn' ich so allein,
Der Mond scheint klar und rein,
Ich sing' und möchte weinen.

5 Adressaten

In vielen Gedichten steht dem lyrischen Ich ein Adressat gegenüber, an den es seine Rede richtet. Sofern das der Fall ist, lohnt es sich, den Adressaten genauer in den Blick zu nehmen. Von Interesse ist zum einen, welche **Form des Adressatenbezugs** vorliegt, zum anderen, welche Beziehung zwischen dem lyrischen Ich und dem Adressaten besteht bzw. welche Haltung und Sprechabsicht das lyrische Ich gegenüber dem Adressaten hat.

Wie das lyrische Ich kann auch der Adressat mehr oder weniger deutlich zu erkennen sein. In der Regel ist der Adressat so wie das lyrische Ich eine fiktive Instanz. Eine Ausnahme ist es, wenn das lyrische Ich den Leser anspricht.

WISSEN

Formen des Adressatenbezugs

- Der **Adressat** ist im Text **ausdrücklich genannt** (konkrete Anrede in Widmungen, im Titel oder im Text) oder lässt sich eindeutig erschließen (z. B. eine geliebte Frau). Der Adressat kann übrigens auch ein Gegenstand, Gott oder etwas Abstraktes, wie die Wahrheit oder die Angst, sein.
- Bei der **Selbstanrede** ist der **Adressat** das **lyrische Ich selbst**. Als Variante dieser Art Selbstgespräch kann die Anrede der eigenen Seele oder des eigenen Körpers gelten.
- Der Adressat ist der **Leser**. Dies ist häufig der Fall, wenn im Gedicht jemand angesprochen wird, aber kein anderes Gegenüber identifiziert werden kann.
- Ein **Adressat fehlt**, die Sprechrichtung des lyrischen Ichs ist **unbestimmt**. Dies kann z. B. in beschreibender Naturlyrik ohne präsentes Sprecher-Ich vorliegen.

In manchen Gedichten lässt sich nicht eindeutig entscheiden, ob es sich um eine verallgemeinerte Selbstanrede handelt (im Sinne einer Ansprache des Ichs in seinem Menschsein) oder um eine verallgemeinerte Ansprache des Lesers (im Sinne einer Ansprache des Gegenübers in seinem Menschsein). Solche Mehrdeutigkeiten sollten Sie in Ihrer Interpretation benennen und in ihrer Wirkung und Funktion erläutern.

Beziehung zwischen lyrischem Ich und Adressat

Wie die folgende, nicht erschöpfende Aufstellung zeigt, kann die Beziehung zwischen lyrischem Ich und Adressat vielgestaltig sein:

- Liebesbeziehung
- Partnerschaft
- Freundschaft
- Feindschaft
- Verwandtschaft
- Abhängigkeit
- Kollegen
- Mitstreiter
- etc.

Haltung / Sprechabsicht des lyrischen Ichs gegenüber dem Adressaten

Ebenso vielfältig kann die Haltung bzw. Sprechabsicht des lyrischen Ichs gegenüber dem Adressaten sein. Sie hängt in der Regel eng mit der Beziehung zwischen beiden Instanzen zusammen:

- Liebesbekundung
- Verehrung
- Bewunderung
- Belehrung
- Geständnis
- Lob
- Kritik
- (An-)Klage
- Bitte
- Bekenntnis
- Aufforderung
- Vorwurf
- Distanzierung
- etc.

BEISPIEL

Karin Kiwus
Im ersten Licht (1976)

Wenn wir uns gedankenlos getrunken haben
aus einem langen Sommerabend
in eine kurze heiße Nacht
wenn die Vögel dann früh
davonjagen aus gedämpften Färbungen
in den hellen tönenden frischgespannten Himmel

wenn ich dann über mir in den Lüften
weit und feierlich mich dehne
in den mächtigen Armen meiner Toccata[1]

wenn du dann neben mir im Bett
deinen ausladenden Klangkörper bewegst
dich dumpf aufrichtest und zur Tür gehst

und wenn ich dann im ersten Licht
deinen fetten Arsch sehe
deinen Arsch
verstehst du
deinen trüben verstimmten ausgeleierten Arsch

dann weiß ich wieder
daß ich dich nicht liebe
wirklich
daß ich dich einfach nicht liebe.

1 *Toccata: Musikstück, v. a für Tasteninstrumente*

In diesem Gedicht sind sowohl ein lyrisches Ich als auch ein wohl weiblicher Adressat klar erkennbar. Zu Beginn werden sie im „wir" (V. 1) zusammen genannt. In der zweiten Strophe nennt sich das lyrische Ich explizit und in der dritten Strophe wird die Adressatin angesprochen.

Die beiden scheint eine Partnerschaft – zumindest aber eine erotische Beziehung – zu verbinden. Allerdings zeigt sich im zweiten Teil, dass die Haltung des Sprechers zum „Du" nicht von Liebe, sondern von großer emotionaler Distanz geprägt ist: Die Beleidigungen („deinen fetten Arsch", V. 14) unterstreichen die drastische Erkenntnis, dass das Ich das Du „einfach nicht lieb[t]" (V. 21).

6 Ordnen Sie die Begriffe links jeweils mit einem Strich einem der drei Gedichte zu.

Liebesbeziehung

Abstrakter Adressat

Adressat: Geliebter Mensch

Adressat: Ich

Klage

Sehnsuchtsbekundung

Reiner Kunze: Bittgedanke, dir zu Füßen (veröff. 1986)

Stirb früher als ich, um ein weniges
früher

Damit nicht du
den weg zum haus
allein zurückgehn musst

Ricarda Huch: Nicht alle Schmerzen (entst. 1937)

Nicht alle Schmerzen sind heilbar, denn manche schleichen
Sich tiefer und tiefer ins Herz hinein,
Und während Tage und Jahre verstreichen,
Werden sie Stein.

Du sprichst und lachst, wie wenn nichts wäre,
Sie scheinen zerronnen wie Schaum.
Doch du spürst ihre lastende Schwere
Bis in den Traum.

Der Frühling kommt wieder mit Wärme und Helle,
Die Welt wird ein Blütenmeer.
Aber in meinem Herzen ist eine Stelle,
Da blüht nichts mehr.

Joseph von Eichendorff: Der Einsiedler (entst. ca. 1835)

Komm, Trost der Welt, du stille Nacht
Wie steigst du von den Bergen sacht,
Die Lüfte alle schlafen,
Ein Schiffer nur noch, wandermüd,
Singt übers Meer sein Abendlied
Zu Gottes Lob im Hafen.

Die Jahre wie die Wolken gehn
Und lassen mich hier einsam stehn,
Die Welt hat mich vergessen,
Da tratst du wunderbar zu mir,
Wenn ich beim Waldesrauschen hier
Gedankenvoll gesessen.

O Trost der Welt, du stille Nacht!
Der Tag hat mich so müd gemacht,
Das weite Meer schon dunkelt,
Laß ausruhn mich von Lust und Not,
Bis daß das ew'ge Morgenrot
Den stillen Wald durchfunkelt.

Test 1

Hans Magnus Enzensberger
fremder garten (1957)

es ist heiß, das gift kocht in den tomaten.
hinter den gärten rollen versäumte züge vorbei,
das verbotene schiff heult hinter den türmen.

angewurzelt unter den ulmen, wo soll ich euch hintun,
füße? meine augen, an welches ufer euch setzen?
um mein land, doch wo ist es? bin ich betrogen

die signale verdorren. das schiff speit öl in den hafen
und wendet. ruß, ein fettes rieselndes tuch
deckt den garten. mittag, und keine grille.

Untersuchen Sie umfassend den Inhalt des Gedichts „fremder garten". Gehen Sie dabei Schritt für Schritt vor:

Aufgabe

1 Schauen Sie sich vor der ersten Lektüre zunächst die Rahmeninformationen (Titel, Entstehungsjahr, Autor) an und aktivieren Sie Ihr Vorwissen: Formulieren Sie eine Leseerwartung, die sich für Sie aus dem Titel ergibt. Rufen Sie sich in Erinnerung, was Sie über die Epoche und den Autor wissen – sofern Sie diese kennen. ___ von 3

- Leseerwartung aufgrund des Titels
- Entstehungszeit / literarische Epoche
- Autor

2 Lesen Sie nun das Gedicht und verschaffen Sie sich einen ersten inhaltlichen Überblick.

a Welche der folgenden Aussagen zum Thema des Gedichts trifft zu? Kreuzen Sie die passende an. ___ von 2

Zentrales Thema des Gedichts ist …

- ☐ die verzerrte Wahrnehmung großstädtischer Garten- und Hafenanlagen durch ein lyrisches Ich, das diese Umgebung nicht kennt.
- ☐ die durch die Auswirkungen der Industrie versehrte, beschädigte Natur, die dem lyrischen Ich fremd geworden ist.

- ☐ die Verbundenheit des lyrischen Ichs zu Natur und Stadt, auch wenn die Umgebung durch Industrie beschädigt ist.
- ☐ die Frage des lyrischen Ichs, wo sich in der Industrielandschaft noch echte Gärten finden, die Ruhe und Erholung bieten.

___ von 2 **b** Geben Sie Auskunft über die Situation, die Zeit und den Ort im Gedicht.

___ von 1 **c** Welche „Akteure" kommen im Gedicht vor?

___ von 3 **3** **a** Teilen Sie das Gedicht in Sinnabschnitte ein und fassen Sie deren Inhalt jeweils in einem Stichpunkt zusammen.

___ von 3 **b** Nutzen Sie geeignete Begriffe des folgenden Wortspeichers, um die „Architektur" des Gedichts zu beschreiben.

> spiegelbildlich ■ antithetisch ■ Öffnung ■ Rahmung ■ Zentrum ■ Pointe

___ von 2 **4** Beschreiben Sie das lyrische Ich. Gehen Sie dabei auch auf das Verhältnis zu seiner Umgebung ein.

___ von 2 **5** Gibt es in diesem Gedicht einen Adressaten? Untersuchen Sie diesen gegebenenfalls. Beschreiben Sie die Sprechabsicht.

Bewertungsvorschlag:

Note 1	Note 2	Note 3	Note 4	Note 5	Note 6
18–15 P.	14–12 P.	11–9 P.	8–6 P.	5–3 P.	unter 3 P.

Schritt 2: Analyse – Formale Ebene

Während die Untersuchung der inhaltlichen und der sprachlichen Ebene auch in der Epik- und Dramenanalyse eine wichtige Rolle spielt, ist die formale Ebene vor allem bei Gedichten von Bedeutung (auch wenn z. B. die Versform in Versdramen relevant sein mag). Sie ist eine der Gründe, warum die Lyrik als die Gattung der Verdichtung und der sogenannten Überdeterminiertheit gilt: Bedeutungstragend sind neben dem Inhalt in besonderem Maße auch **lautliche**, **metrische** und **strukturelle Merkmale**. In diesem Kapitel stehen deshalb die folgenden formalen Aspekte im Mittelpunkt:

Metrum und Versform erschließen → Reime und Reimschema untersuchen → Den Rhythmus erschließen → Erkenntnisse zu Metrum und Rhythmus für die Interpretation nutzen → Strophenformen und Gedichtformen erkennen

1 Metrum und Versform

Gedichte weisen nicht nur gattungsgeschichtlich eine große Nähe zur Musik auf. Sie zeigt sich insbesondere auch in der klanglichen und rhythmischen Gestaltung. Hierzu gehört u. a. die metrische Strukturierung des Gedichts.

WISSEN

Video zum Metrum

Das Metrum und die Versfüße

Die abstrakte lautliche Struktur eines Verses wird maßgeblich durch die Abfolge von **Hebungen** (betonte Silben) und **Senkungen** (unbetonte Silben) bestimmt. Liegen bei dieser Abfolge bestimmte Regelmäßigkeiten vor, so spricht man von einem Metrum: Die kleinste Einheit des Metrums ist die **Silbe**, die nächstgrößere der **Versfuß**. Im Deutschen spielen die folgenden Versfüße eine Rolle:

- **Jambus** (zweisilbiger Versfuß): unbetont / betont (× ×́ – Merkwort: Gedicht)
- **Trochäus** (zweisilbiger Versfuß): betont / unbetont (×́ × – Merkwort: Lyrik)
- **Daktylus** (dreisilbiger Versfuß): betont / unbetont / unbetont (×́ × × – Merkwort: Daktylus)
- **Anapäst** (dreisilbiger Versfuß): unbetont / unbetont / betont (× × ×́ – Merkwort: Anapäst).

Um das Metrum zu bestimmen, gehen Sie jeden einzelnen Vers durch und markieren dabei die unbetonten Silben und die Hebungen. Versehen Sie hierfür die Hebungen mit einem ´ und die Senkungen mit einem ˇ. Dies fällt Ihnen leichter, wenn Sie im Vers zunächst die Hebungen markieren, die durch die natürliche Wortbetonung vorgegeben sind:

Táglich ging die wúnderschö́ne
Súltanstóchter auf und níeder

In der Regel haben Sie dann schon gute Anhaltspunkte für die metrische Struktur der Verse. Um diese schlussendlich zu erfassen, „füllen" Sie bei mehreren aufeinander folgenden Silben, bei denen aufgrund der Wortbetonung noch keine Hebungsmarkierung erfolgte, Hebungen im metrischen Muster auf:

Táglich gíng die wúnderschö́ne
Súltanstóchter áuf und níeder

Nun ordnen Sie die erarbeitete metrische Struktur den Versfüßen zu. Hierfür können Sie die Versfüße mit einem senkrechten Strich voneinander abgrenzen. Doch Achtung: Es gibt auch Gedichte ohne metrische Strukturierung.
Im obigen Zweizeiler liegt z. B. ein Trochäus (betont / unbetont) vor:

Táglich | gíng die | wúnder|schö́ne
Súltans|tóchter | áuf und | níeder

Je nachdem, wie viele Hebungen ein Vers aufweist, wird er als **zweihebig, dreihebig, vierhebig** usw. bezeichnet. Das Beispiel ist daher ein **vierhebiger** Trochäus (auch genannt: trochäischer Vierheber).

Als alternativer Begriff für „Metrum" ist die Bezeichnung „**Versmaß**" gebräuchlich. Sie wird insbesondere bei metrischen Strukturen verwendet, die einen Namen erhalten haben (wie z. B. beim Alexandriner, vgl. hierzu S. 32).

TIPP 

Es hilft beim Erfassen des Metrums sehr, das Gedicht oder einzelne Verse laut und in übertriebener Betonung zu lesen. Bei diesem sogenannten Skandieren fallen Ihnen schneller falsche Betonungen auf. In einer Klausurensituation können Sie das Skandieren leise – sozusagen vor dem „inneren Ohr" – imitieren.

BEISPIEL

Hermann Allmers
Feldeinsamkeit (1860)

Ich **ru**he **still** im **ho**hen **grü**nen **Gras**
Und **sen**de **lan**ge **mei**nen **Blick** nach **o**ben,
Von **Gril**len **rings** um**schwirrt** ohn **Un**ter**laß**,
Von **Him**mels**bläue** **wun**der**sam** um**wo**ben.

Und **schö**ne **wei**ße **Wol**ken **ziehn** da**hin**
Durchs **tie**fe **Blau** wie **schö**ne **stil**le **Träu**me; –
Mir **ist**, als **ob** ich **längst** ge**stor**ben **bin**
Und **zie**he **se**lig **mit** durch **ew**ge **Räu**me.

In diesem Gedicht liegt ein fünfhebiger Jambus vor. Nehmen Sie z. B. den Vers 4: Hier markieren Sie zuerst die folgenden Silben aufgrund ihrer Wortbetonung als Hebung: „Him"; „bläu"; „wun"; „wo". Dann fügen Sie noch eine Betonung bei der Silbe „sam" hinzu, um das sich abzeichnende jambische Schema „aufzufüllen".

7 Bestimmen Sie das Metrum der drei folgenden Texte.

Heinrich Heine
Wo? (entst. zw. 1828 u. 1844, Auszug)

Wo wird einst des Wandermüden
letzte Ruhestätte sein?
Unter Palmen in dem Süden?
Unter Linden an dem Rhein?

Friedrich Rückert
Lob des Abendrotes

Das Abendrot ist schöner als das Morgenrot;
Zum ersten, weil es ist bequemer anzusehn,
Und man deswegen früh nicht aufzustehen braucht;
Zum andern, weil im Abendrot lustwandeln gehn
Die Schönen, die noch schlafen, wann der Morgen haucht;

Zum dritten, weil die Abendröte schönen Tag,
Die Morgenröte schlechten prophezeien mag;
Zum vierten endlich, und das ist in meinem Sinn,
Was gibt den Ausschlag: weil ich selbst dem Abendrot
Des Lebens näher als dem Morgenrote bin.

Heinrich von Kleist
Er ritt einst (1810)

Er ritt einst, mit einer Koppel junger Pferde,
wohlgenährt alle und glänzend, ins Ausland,
und überschlug eben, wie er den Gewinst,
den er auf den Märkten damit zu machen
hoffte, anlegen wolle.

Einige weitere Begriffe helfen dabei, die metrische Struktur eines Gedichts genauer zu beschreiben. Die Textmerkmale, die mit diesen erfasst werden können, hängen mit der Frage zusammen, wie die einzelnen Verse beginnen und enden:

WISSEN

Kadenz

Für die Beschreibung von Versenden unterscheidet man sogenannte männliche, weibliche und reiche Kadenzen:

- **Männliche** / einsilbige / stumpfe Kadenz:
  Der Vers endet mit einer Hebung.
  Wirkung: eher energisch, hart
- **Weibliche** / zweisilbige / klingende Kadenz:
  Der Vers endet nach einer Hebung mit einer Senkung
  Wirkung: eher harmonisch, weich
- **Reiche** / dreisilbige Kadenz:
  Der Vers endet nach einer Hebung mit zwei (oder mehreren) Senkungen.

Auftakt

Von einem Auftakt spricht man (in Analogie zur Musik), wenn ein Vers mit einer oder mehreren Senkungen beginnt.

- Beim Jambus und beim Anapäst liegt grundsätzlich ein Auftakt vor.
- Bei Trochäen und Daktylen stellen Auftakte eine Abweichung vom metrischen Schema dar.

Vollständigkeit des Metrums

In manchen Versen sind die letzten Versfüße nicht vollständig oder es ist eine überzählige Silbe vorhanden. Es gibt insgesamt drei Möglichkeiten, wie ein Vers enden kann:

- Das Versende erfüllt das Metrum – das Metrum „geht auf".
- Das Versende hat eine überzählige Silbe.
- Das Versende hat eine Silbe zu wenig.

TIPP

Bei Gedichten, in denen nicht so leicht zu entscheiden ist, ob es sich um einen Jambus oder um einen Trochäus handelt, z. B. aufgrund von Auftakten, kann man auch von einem „alternierenden" Versmaß, also einem Metrum, bei dem sich Hebungen und Senkungen abwechseln, sprechen, da dies sowohl auf Jamben als auch auf Trochäen zutrifft.

BEISPIEL

Joseph von Eichendorff
Nachts (veröff. 1826)

Ich **wan**dre **durch** die **stil**le **Nacht**,
Da **schleicht** der **Mond** so **heim**lich **sacht**
Oft **aus** der **dunk**len **Wol**ken**hül**le,
Und **hin** und **her** im **Tal**
Er**wacht** die **Nach**ti**gall**,
Dann **wie**der **Al**les **grau** und **stil**le.

O **wun**der**ba**rer **Nacht**ge**sang:**
Von **fern** im **Land** der **Strö**me **Gang**,
Leis **Schau**ern **in** den **dunk**len **Bäu**men –
Wirr'st **die** Ge**dan**ken **mir**,
Mein **ir**res **Sin**gen **hier**
Ist **wie** ein **Ru**fen **nur** aus **Träu**men.

Hier liegt ein jambisches Metrum vor, das teilweise vierhebig und teilweise dreihebig ist. Das Gedicht hat dem jambischen Metrum entsprechend Auftakte. Die Kadenzen sind männlich in den Versen 1, 2, 4, 5 der jeweiligen Strophen, in den Versen 3 und 6 handelt es sich dagegen jeweils um weibliche Kadenzen mit einer überzähligen Silbe am Versende. Durch sie wird das jambische Schema aufgelockert, da hier an der Versgrenze Doppelsenkungen entstehen.

8 Bestimmen Sie das Metrum des folgenden Gedichts. Gehen Sie dabei auf Auftakte, die Art der Kadenzen und die Vollständigkeit des Metrums ein.

Johann Wolfgang von Goethe
An den Mond (1789, Auszug)

Füllest wieder Busch und Tal
Still mit Nebelglanz,
Lösest endlich auch einmal
Meine Seele ganz;

Breitest über mein Gefild
Lindernd deinen Blick,
Wie des Freundes Auge mild
Über mein Geschick.

Jeden Nachklang fühlt mein Herz
Froh- und trüber Zeit,
Wandle zwischen Freud' und Schmerz
In der Einsamkeit.

Fließe, fließe, lieber Fluß!
Nimmer werd' ich froh;
So verrauschte Scherz und Kuß
Und die Treue so.

Das metrische Schema eines Gedichts wird nicht immer den ganzen Text über durchgehalten. **Abweichungen** werden von Dichtern oft **bewusst verwendet** – beispielsweise um Abwechslung zu schaffen, um Wörter besonders hervorzuheben oder um inhaltliche Brüche formal zu unterstreichen.

WISSEN

Abweichungen vom Metrum

- **Senkungsfreiheit** bzw. **Füllungsfreiheit:** In manchen Gedichten, die grundsätzlich alternierend organisiert sind, finden sich zusätzliche Senkungen zwischen den Hebungen. Dies kann z. B. der Vermeidung von rhythmischer Eintönigkeit dienen. Besonders typisch ist diese Senkungsfreiheit für die sogenannte Volksliedstrophe (siehe S. 44).
- **Auftakt** bei **trochäischen oder daktylischen Versen:** Eine zusätzliche Senkung am Versanfang durchbricht das metrische Schema eines Gedichts, dessen Verse eigentlich mit einer Hebung beginnen sollten. Das kann z. B. der Auflockerung dienen oder auch einen Vers hervorheben.
- **Tonbeugung:** Die natürliche Wortbetonung passt bei einem Wort nicht zur metrisch erforderlichen Betonung. Häufig können Tonbeugungen – eine Art „Stolperfalle" – beim mündlichen Vortrag eines Gedichts durch eine sogenannte **schwebende Betonung** (Markierungszeichen ~) ausgeglichen werden, bei der die Silbe, die aus metrischen Gründen betont werden müsste, und die Silbe, die wegen der natürlichen Wortbetonung betont werden müsste, jeweils „halb" betont gelesen werden. Die schwebende Betonung findet sich oft an Gedicht- bzw. Versanfängen.
- **Hebungsprall:** Hierbei treffen zwei Hebungen aufeinander. Dies kann auf den Wegfall einer Senkung zurückzuführen sein oder auf eine Tonbeugung. Ein Hebungsprall entsteht gelegentlich auch am Versübergang. Er ist für den Rhythmus relevant, da er in der Regel eine Sprechpause provoziert.

Die oben angeführten Abweichungen von einem regelmäßigen Metrum (z. B. in Form von Tonbeugungen) sind nicht immer leicht zu erkennen. Es ist nicht schlimm, wenn eine einmalige Besonderheit übersehen wird – wichtiger ist, dass Sie Sicherheit im Bestimmen der grundlegenden Versmaße Jambus, Trochäus, Daktylus und Anapäst besitzen.

BEISPIEL

Heinrich Heine
Lotosblume (entst. zw. 1845 u. 1856)

Wahrhaftig, wir beide bilden
Ein kurioses Paar,
Die Liebste ist schwach auf den Beinen,
Der Liebhaber lahm sogar.

Sie ist ein leidendes Kätzchen,
Und er ist krank wie ein Hund,
Ich glaube, im Kopfe sind beide
Nicht sonderlich gesund.

Vertraut sind ihre Seelen,
Doch jedem von beiden bleibt fremd
Was bei dem andern befindlich
Wohl zwischen Seel und Hemd.

Sie sei eine Lotosblume,
Bildet die Liebste sich ein;
Doch er, der blasse Geselle,
Vermeint der Mond zu sein.

Die Lotosblume erschließet
Ihr Kelchlein im Mondenlicht,
Doch statt des befruchtenden Lebens
Empfängt sie nur ein Gedicht.

Bei diesem Gedicht ist die **Füllungsfreiheit** so weit ausgereizt, dass es fast schwerfällt, noch von einem durchgehenden Metrum zu sprechen: Es gibt in diesen durchgängig dreihebigen Versen sehr viele Doppelsenkungen. Wenn man als Grundmetrum den Jambus ableitet (vgl. z. B. V. 2, 8, 9, 12, 16), dann findet man einige **Tonbeugungen**, die zum Teil für eine schwebende Betonung sprechen:

- V. 10: „bleibt fremd" – schwebende Betonung
- V. 14: „Bildet die Liebste" – Betonung auf der ersten Silbe erforderlich

9 Kreuzen Sie an, welche metrischen Bestimmungen auf das folgende Gedicht zutreffen.

Annette von Droste-Hülshoff
Die Steppe (1844, Auszug)

Standest du je am Strande,
Wenn Tag und Nacht sich gleichen,
Und sahst aus Lehm und Sande
Die Regenrinnen schleichen –
Zahllose Schmugglerquellen,
Und dann, so weit das Auge
Nur reicht, des Meeres Wellen
Gefärbt mit gelber Lauge? –

- ☐ dreihebiger Jambus
- ☐ vierhebiger Trochäus
- ☐ kein festes Metrum
- ☐ an allen Versenden eine überzählige Silbe
- ☐ Hebungsprall in V. 3

Verse können eine feste (metrische) Form haben, die einen Namen und eine eigene Tradition hat. Kennzeichen des **Versmaßes** sind das Metrum und die Hebungszahl – aber auch Zäsuren, das heißt in der Regel durch die Syntax erzeugte Pausen. Gelegentlich spielt sogar die Frage, ob sich die Verse reimen, hierbei eine Rolle.

WISSEN

Die wichtigsten Versmaße im Deutschen sind:

- **Alexandriner:** sechshebiger Jambus mit einer Zäsur nach der dritten Hebung. Der Alexandriner stammt aus der französischen Literatur und wurde von anderen Nationalliteraturen adaptiert. Insbesondere in der Barockzeit war dieses Versmaß beliebt.
- **Blankvers:** fünfhebiger, reimloser Jambus. Er wird bevorzugt als Dramenvers verwendet – z. B. in Goethes *Iphigenie auf Tauris*.

TIPP

Um die Versform in die Interpretation einbeziehen zu können, ist es sinnvoll, sich deren literarische Tradition bewusst zu machen. Benutzt beispielsweise ein Autor aus der Romantik den Alexandriner in einem Gedicht über die Vergänglichkeit, dann kann man davon ausgehen, dass er damit an die Memento-Mori-Dichtung des Barock anknüpft, in dem dieses Thema gerne mit dieser Versform verbunden wurde.

BEISPIEL

Friedrich Schiller
Das verschleierte Bild zu Sais (1795)

Ein Jüngling, den des Wissens heißer Durst
Nach Sais in Ägypten trieb, der Priester
Geheime Weisheit zu erlernen, hatte
Schon manchen Grad mit schnellem Geist durcheilt,
Stets riß ihn seine Forschbegierde weiter,
[…]

Hier liegt ein Blankvers vor, ein reimloser, jambischer Fünfheber:
Ein **Jüng**ling, **den** des **Wis**sens **hei**ßer **Durst**
Die Reimlosigkeit stützt den Erzählgestus der Ballade, der sich auch in den zahlreichen starken Enjambements niederschlägt. Als Dramenvers unterstreicht der Blankvers hier auch die dramatische Ebene von Balladen.

10 Bestimmen Sie das Versmaß des folgenden Gedichts.

Christian Hofmann von Hofmannswaldau
Die Wollust (Auszug)

Die Wollust[1] bleibet doch der Zucker dieser Zeit
Was kann uns mehr denn sie den Lebenslauf versüssen?
Sie lasset trinkbar Gold in unsre Kehle fließen
Und öffnet uns den Schatz beperlter Liebligkeit;
In Tuberosen[2] kann sie Schnee und Eis verkehren
Und durch das ganze Jahr / die Frühlingszeit gewehren.

1 *Wollust: hier im Sinne von sinnlichen Freuden*

2 *Tuberosen: Zierpflanze*

2 Reim und Reimschema

Video zum Reim

Video zur Assonanz

Neben den rhythmisch-metrischen Strukturen spielen in Gedichten auch lautliche Strukturen eine große Rolle. Eine der wichtigsten und am häufigsten genutzten Lautstrukturen sind Reime. Sie prägen insgesamt die Klanglichkeit eines Gedichts, wie sie z. B. ebenso das Stilmittel der Alliteration erzeugen kann (*wilde, wogende Wälder*). Reime tragen außerdem dazu bei, dass man sich die Gedichte besser einprägen kann. Beide Merkmale verdanken sich der historischen Entwicklung der Lyrik aus dem gesungenen Lied: Die klanglichen Wirkungsstrukturen von Gedichten stehen der Musikalität des Liedes nahe und die gute Einprägsamkeit war für die mündliche Überlieferung von Liedern wichtig.

WISSEN

Bei **Reimen** handelt es sich um **zwei Wörter**, die ab dem letzten betonten Vokal **gleich klingen**. Der Gleichklang erfordert dabei nicht zwingend die gleiche Schreibung: So reimt sich *getankt* ebenso auf *schwankt* wie auf *bangt*. Reime kann man nach der Reimqualität und nach der Reimquantität unterscheiden:

Reimqualität

Hierbei geht es um die Frage, wie ausgeprägt der Gleichklang ist:

- **reiner Reim:** Die Wörter entsprechen sich exakt im Klang ab dem letzten betonten Vokal – *lieben/sieben; reich/weich; eilen/heilen.*
- **identischer Reim:** Es reimen sich zwei identische Wörter – *leben/leben.*
- **unreiner Reim:** Die Wörter klingen ab dem letzten betonten Vokal nur ähnlich, aber nicht genau gleich – *feiern/scheuern; Scheck/Weg.*
- **Assonanz:** Es handelt sich um eine ausgeprägte Form des unreinen Reims, bei dem ab dem letzten betonten Vokal nur die Vokale gleich klingen, nicht aber die Konsonanten: *lieben/siegen; Meise/weile.*
  Hinweis: Die Assonanz als Reimersatz kommt in letzter Zeit verstärkt in der deutschsprachigen Pop- und Rap-Musik zum Einsatz, z. B. in Sidos und Andreas Bouranis Lied *Astronaut*: „Es gibt kein vor und kein zurück mehr, nur noch unten und oben / Einer von hundert Millionen, ein kleiner Punkt über'm Boden."

Reimquantität

Hierbei geht es um die Frage, wie umfangreich der Gleichklang ist:

- **stumpfer / männlicher Reim:** Der Reim hat eine Silbe – *fair/Bär.*
- **klingender / weiblicher Reim:** Der Reim hat zwei Silben – *kehren/wehren.*
- **reicher / gleitender Reim:** Der Reim hat drei Silben – *Doppelung/Koppelung.*

BEISPIEL

Joseph von Eichendorff
Der Einsiedler (entst. 1835, Auszug)

Komm, Trost der Welt, Du stille Nacht!
Wie steigst Du von den Bergen sacht,
Die Lüfte alle schlafen,
Ein Schiffer nur noch, wandermüd,
Singt übers Meer sein Abendlied
Zu Gottes Lob im Hafen.

Die Verse 1 und 2 sind rein und männlich gereimt, die Verse 3 und 6 haben reine, weibliche Reime und der Reim von Vers 4 und 5 ist unrein und stumpf.

11 Ordnen Sie die folgenden Verse in die drei Gedichtauszüge ein und bestimmen Sie die Quantität und Qualität der Reime.

Mondenschein muß auch verblühen,
Wehet schon der Frühe Atem.
Und sah dem Räderspiele
Unter schwüler Buchen Schweigen.
Und sah den Wassern zu.
Traumhaft hasten sanfte Nonnen

Justinus Kerner
Der Wanderer in der Sägmühle
(entst. zw. 1812 u. 1815)

Dort unten in der Mühle
Saß ich in süßer Ruh

Clemens Brentano
Rosablankens Traum (1810)

In des ernsten Tales Büschen
Ist die Nachtigall entschlafen,

Georg Trakl
Die schöne Stadt (ersch. 1913)

Alte Plätze sonnig schweigen.
Tief in Blau und Gold versponnen

Bestimmung der Reimquantität und Reimqualität

12 Wodurch zeichnen sich die Reime des folgenden Gedichts aus?

Joseph von Eichendorff
Mandelkerngedicht (ersch. 1837)

Zwischen Akten, dunkeln Wänden
Bannt mich, Freiheitbegehrenden,
Nun des Lebens strenge Pflicht,
Und aus Schränken, Aktenschichten
Lachen mir die beleidigten
Musen in das Amtsgesicht.

Als an Lenz und Morgenröte
Noch das Herz sich erlabete,
O du stilles, heitres Glück!
Wie ich nun auch heiß mich sehne,
Ach, aus dieser Sandebene
Führt kein Weg dahin zurück.

Als der letzte Balkentreter
Steh ich armer Enterbeter
In des Staates Symphonie,
Ach, in diesem Schwall von Tönen
Wo fänd ich da des eigenen
Herzens süße Melodie?

Ein Gedicht soll ich euch spenden:
Nun, so geht mit dem Leidenden
Nicht zu strenge ins Gericht!
Nehmt den Willen für Gewährung,
Kühnen Reim für Begeisterung,
Diesen Unsinn als Gedicht!

Für die Interpretation kann vor allem die Folge der Endreime (Reime am Ende der Verse) in einem Gedicht relevant sein. Reimfolgen, die eine bestimmte Ordnung haben, heißen **Reimschemata**. Um die Reimfolge zu bestimmen, versieht man die Endreime alphabetisch mit Buchstaben, wobei die reimenden Verse jeweils den gleichen Buchstaben erhalten.

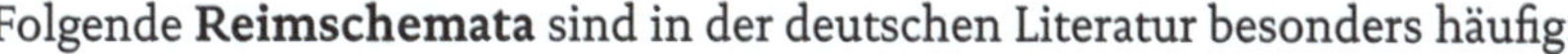

WISSEN

Folgende **Reimschemata** sind in der deutschen Literatur besonders häufig:

- **Paarreim:** Die Enden zweier aufeinander folgender Verse reimen sich: a a b b
- **Haufenreim:** Die Enden von mehr als zwei aufeinander folgenden Versen reimen sich: a a a …
- **Umarmender Reim:** Ein Paarreim wird von zwei Versen, deren Enden sich reimen, eingerahmt: a b b a
- **Kreuzreim:** Die Endreime von vier Versen überkreuzen sich (wechseln ab): a b a b
- **Schweifreim:** Auf einen Paarreim folgt ein umarmender Reim: a a b c c b

Wenn in einem Reimgedicht ein Vers keinen Endreim besitzt, sich also mit keinem anderen Vers reimt, dann spricht man von einer **Waise**. In der Reimfolge markiert man eine Waise mit einem x.

Zur Bedeutung von Reimen in Gedichten

- Reime haben oft eine **strukturierende Wirkung** und können **Zusammenhänge zwischen Gedanken verstärken**.
  Mehrere Paarreime hintereinander können beispielsweise additiv-auflistend wirken, während ein umarmender Reim einen abgeschlossenen Gedanken gewissermaßen in sich einschließen und abrunden kann.
- Reime können bestimmte **Wörter** im Gedicht **hervorheben** sowie die Reimwörter (klanglich) einander annähern. Dadurch kann z. B. eine inhaltliche Entsprechung gestützt werden.
- Reime können auch auf den **Rhythmus** eines Gedichts Einfluss haben (siehe S. 39).

BEISPIEL

Rainer Maria Rilke
Der Schwan (ersch. 1907)

Diese Mühsal, durch noch Ungetanes
schwer und wie gebunden hinzugehn,
gleicht dem ungeschaffnen Gang des Schwanes.

Und das Sterben, dieses Nichtmehrfassen
jenes Grunds, auf dem wir täglich stehn,
seinem ängstlichen Sich-Niederlassen:

in die Wasser, die ihn sanft empfangen
und die sich, wie glücklich und vergangen,
unter ihm zurückziehen, Flut um Flut;
während er unendlich still und sicher
immer mündiger und königlicher
und gelassener zu ziehn geruht.

Das Gedicht hat diese Reimfolge: **a b a / c b c / d d e f f e**. Die ersten beiden Strophen besitzen kein Reimschema, das einen eigenen Namen trägt – man könnte es allerdings einen in der Mitte gekürzten umarmenden Reim nennen. Die dritte Strophe hat als Reimschema einen Schweifreim. Aufgrund der Reimfolge in diesem Gedicht werden die ersten beiden Strophen durch die formale Entsprechung „aneinandergebunden". Dies passt zum Inhalt: In der ersten Strophe wird die Mühsal des Lebens und in der zweiten Strophe der Vorgang des Sterbens im Vergleich mit einem Schwan dargestellt. Die dritte Strophe, die man wegen des Schweifreims als Einheit wahrnehmen kann, führt das Bild des Schwans im Wasser dann näher aus.

13 Erfassen Sie die Reimfolge in dem folgenden Gedicht und erschließen Sie deren Wirkung bzw. Funktion.

Christian Wagner
Spätes Erwachen (wohl 1897)

So wie ein Mensch nach lärmendem Gelag[1]
Noch spät zu Mitternacht nicht schlafen mag
Und seine Ruh erst findet knapp vor Tag;

Und süß erst schläft beim hellen Morgenschein,
So reichte in die Jugend mir hinein
Versäumter Schlaf von einem vorigen Sein.

O wüsst ich doch, was mich nicht schlafen ließ!
Ob mich ein Gott vom Bacchanal[2] verstieß?
Ob ich betrunken kam vom Paradies?

1 Gelag: ausschweifendes gemeinsames Essen und Trinken

2 Bacchanal: Fest, meist Charakter eines Gelages

3 Rhythmus

Während das Metrum und das Reimschema eines Gedichts in der Regel gut bestimmbar sind, ist der individuelle Rhythmus eines lyrischen Textes nicht so leicht zu erfassen. Mit dem Begriff „Rhythmus" wird die **klangliche Strukturierung eines Gedichts** – insbesondere durch das Metrum und durch Pausen – bezeichnet.

WISSEN

Der **Rhythmus eines Gedichts** wird vom **Metrum** zwar mitbestimmt, entspricht diesem jedoch nicht. Eine Reihe von Faktoren können den Rhythmus mit prägen:

- Abweichungen vom Metrum, z. B. Tonbeugungen
- weitere klangliche Merkmale wie z. B. die Reimfolge und ggf. Binnenreime und Alliterationen
- Stilfiguren wie z. B. Parallelismen
- Satzbau, z. B. lange Hypotaxen oder kurze Ellipsen
- Enjambements / Zeilensprünge (Satz führt über die Versgrenze hinaus) oder Zeilenstil (Satzende fällt mit Versende zusammen)
- Verslänge
- Zäsuren (Pausen)

Die rhythmische Umsetzung eines Gedichts ist immer auch ein Ergebnis der individuellen Les- und Vortragsart. Der Dichter schafft aber einen Rahmen für diese Realisierung.

Folgende Beispiele zeigen, wie man den Rhythmus von Gedichten bezeichnen kann:

- gleichmäßig
- unregelmäßig
- tänzerisch
- stockend
- vorwärtsdrängend
- reihend
- monoton
- …

Achtung: Auch Gedichte, die kein festes Metrum haben, können einen Rhythmus besitzen.

Verwenden Sie in einer Klausur nicht zu viel Zeit für die nähere Bestimmung des Rhythmus, da es sich um eine recht schwierige Angelegenheit handelt und bei der Bewertung Ihres Aufsatzes meist nicht so sehr ins Gewicht fällt.

BEISPIEL

Ludwig Christoph Heinrich Hölty
Totengräberlied (posthum veröff. 1782, Auszug)

Grabe, Spaten, grabe,
Alles was ich habe
Dank ich, Spaten, dir!
Reich' und arme Leute
Werden meine Beute,
Kommen einst zu mir!

Weiland[1] groß und edel,
Nickte dieser Schädel
Keinem Gruße Dank!
Dieses Beingerippe,
Ohne Wang' und Lippe,
Hatte Gold und Rang!

[1] *weiland: in der Vergangenheit*

Prägend ist für den Rhythmus der regelmäßige Trochäus, der mit seinen drei Hebungen pro Vers und seinen Enjambements einen eher schnellen Lesefluss nahelegt. Einen wichtigen rhythmischen Einschnitt bewirkt der Hebungsprall am Übergang von Vers 3 zu Vers 4 bzw. 9 und 10 und an der Strophengrenze (V. 6 f.: „**mir!** / **Wei**land").

14 Verorten Sie die beiden folgenden Gedichte hinsichtlich des Rhythmus auf der unten stehenden Linie. Begründen Sie Ihre Entscheidung und überlegen Sie, welche Bedeutung der Rhythmus für die Gedichte hat.

Gotthold Ephraim Lessing
Lob der Faulheit (ersch. 1771)

Faulheit, endlich muß ich dir
Auch ein kleines Loblied bringen!
O – – Wie – – sau – – er – – wird es mir, – –
Dich – – nach Würden – – zu besingen!
Doch ich will mein Bestes tun:
Nach der Arbeit ist gut ruhn.

Höchstes Gut, wer dich nur hat,
Dessen ungestörtes Leben ...
Ach! – – ich – – gähn' – – ich – –
werde matt – –,
Nun – – so – – magst du – –
mir's vergeben,
Daß ich dich nicht singen kann:
Du verhinderst mich ja dran.

Franz Kafka: [Und die Menschen gehn in Kleidern]
(entst. 1907)

Und die Menschen gehn in Kleidern
schwankend auf dem Kies spazieren
unter diesem großen Himmel,
der von Hügeln in der Ferne
sich zu fernen Hügeln breitet.

Das Metrum in der Gedichtinterpretation

Video zum Metrum

Wie bei allen formalen und sprachlichen Aspekten, die Sie in Ihre Interpretation einfließen lassen, sollte möglichst auch beim Metrum eine Funktionalisierung erfolgen: Es gilt, die metrischen Beobachtungen nicht nur zu benennen, sondern auch ihre Bedeutung für das Gedicht bzw. ihre Wirkung zu erfassen. Das ist nicht immer einfach – vor allem weil es kein „Rezept" gibt, nach dem man verfahren kann. Die folgende Aufstellung üblicher Lesarten der vier Grundmetren muss immer individuell am konkreten Gedicht geprüft werden – eine unbesehene Anwendung könnte am jeweiligen Text komplett vorbeigehen:

- Jambus: belebend
- Trochäus: fest
- Daktylus: tänzerisch
- Anapäst: drängend, bewegt

WISSEN

Von Interesse für die Interpretation der metrischen Gestaltung können auch die folgenden Fragen sein:

- Setzt sich das Metrum über die Versgrenze ohne Bruch fort?
- Gibt es Abweichungen vom Metrum?
- Wie ist das Zusammenspiel von Metrum und Satzgrenzen?
- Wechselt das Metrum?
- Welche Rolle spielt das Metrum für den Rhythmus des Gedichts?
- Wie lang sind die Verse bzw. wie viele Hebungen haben sie?
- Bildet das Metrum eine feste Versform oder gehört es zu einer bestimmten Strophenform? Gibt es eine spezielle literarische Tradition dieser oder jener Vers- / Strophenform?

Aus den Antworten auf diese Fragen gilt es, eine individuelle Auslegung der metrischen Gestaltung abzuleiten.

BEISPIEL

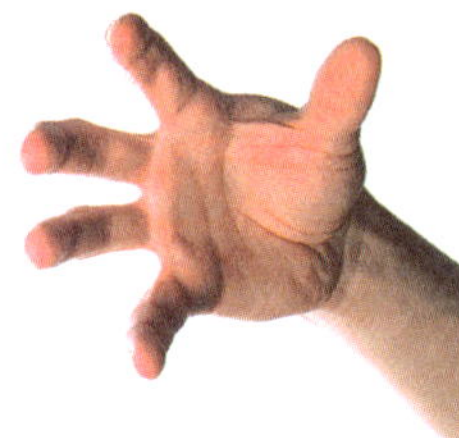

Wilhelm Raabe
Des Menschen Hand (entst. 1861)

Legt in | die Hand | das Schick|sal dir | ein Glück,
Mußt du | ein and|res wie|der fal|len lassen;
Schmerz und | Gewinn | erhältst | du Stück | um Stück,
Und Tief | ersehn|tes wirst | du bit|ter hassen.

Des Men|schen Hand | ist ei|ne Kin|derhand,
Sie greift | nur zu |, um acht|los zu | zerstören;
Mit Trüm|mern ü|ber streu|et sie | das Land,
Und was | sie hält |, wird ihr | doch nie | gehören.

Des Men|schen Hand | ist ei|ne Kin|derhand,
Sein Herz | ein Kin|derherz | im heft|gen Trachten.
Greif zu | und halt! | ... Da liegt | der bunte Tand,
Und kla|gen müs|sen nun, | die e|ben lachten.

Legt in | die Hand | das Schick|sal dir | den Kranz,
So mußt | die schön|ste Pracht | du selbst | zerpflücken;
Zerstö|ren wirst | du selbst | des Le|bens Glanz
Und wei|nen ü|ber den | zerstreu|ten Stücken.

In diesem Gedicht liegt ein 5-hebiger Jambus vor. Die Länge der Verse spricht für ein eher langsames, nachdenkliches Lesen. Dies passt zur inhaltlichen Anlage des Gedichts als Reflexion. Einzelne Abweichungen vom Metrum (Betonung auf „Legt", „Schmerz", „Greif", V. 1, 3, 11, 13, ist notwendig) verhindern Eintönigkeit. Überzählige Silben an den Enden der Verse 2 und 4 jeder Strophe führen zu Doppelsenkungen an der Versgrenze und legen so ebenfalls rhythmische Pausen nahe. Dazu passt, dass sie mit Satzenden zusammenfallen.

15 Entscheiden Sie in der folgenden Interpretation der Form des Gedichts *Liedchen*, welche der vorgeschlagenen Formulierungen und Begriffe jeweils am besten passt. Streichen Sie die nicht zutreffenden durch.

Joachim Ringelnatz
Liedchen (ersch. 1933)

Die Zeit vergeht,
Das Gras verwelkt,
Die Milch entsteht,
Die Kuhmagd melkt.

Die Milch verdirbt.
Die Wahrheit schweigt.
Die Kuhmagd stirbt.
Ein Geiger geigt.

Dieses Gedicht hat eine sehr einfache | komplexe | irritierende Form: Es besteht durchgehend aus zweihebigen Trochäen | Jamben | Daktylen, die im Zusammenspiel mit dem parataktischen | elliptischen | verwinkelten Satzbau und der langweiligen | immer gleichen | variierenden Satzgliedfolge aus Subjekt und Objekt | Verb | Prädikat sowie mit den Enjambements | dem Zeilenstil | den vielen Kommata ein schnelles Lesen und einen reihenden | stockenden | gleichmäßig fließenden Rhythmus erzeugen. Das im Gedicht behandelte Thema der Vergänglichkeit des Seins, das eigentlich belastend ist, erhält durch diese Form eine gewisse Schwere | Tragik | Leichtigkeit und Beiläufigkeit. Das passt zum humoristischen Ansatz, von dem Ringelnatz' Gedichte geprägt sind.

4 Strophen- und Gedichtform

Die nächstgrößere Struktureinheit nach dem Vers ist die Strophe. Auch hier haben sich Formen herausgebildet, die sich näher bestimmen lassen und einen Namen tragen. Wenn Sie diese in der Gedichtinterpretation erkennen und benennen, stellen Sie zum einen Ihr Fachwissen unter Beweis. Zum anderen können Ihnen die Strophen- und Gedichtformen wichtige Hinweise darauf geben, in welcher Tradition das Gedicht steht.

Folgende Strophen- und Gedichtformen spielen im Deutschen eine besondere Rolle:

- Volksliedstrophe
- Odenstrophe (strophische Grundlage der Ode)
- Romanzenstrophe (strophische Grundlage der Romanze)
- elegisches Distichon (strophische Grundlage der Elegie)
- Sonett (Gedichtform aus zwei Quartetten und zwei Terzetten)
- Terzine (Gedichtform aus dreiversigen Strophen)
- Stanze (Gedichtform italienischen Ursprungs)

Exemplarisch werden im Folgenden drei Strophenformen vorgestellt:

WISSEN

- **Odenstrophe:** Hierbei handelt es sich um eine stark formal festgelegte Strophenform, bei der die Verteilung der Hebungen und Senkungen sowie die Länge ihrer vier Verse genau geregelt sind. Die ursprünglich antike Strophenform ist reimlos. Kennzeichnend sind in der Regel ein hoher Stil und ein feierlicher Ton. Oden finden sich vor allem bei Friedrich Hölderlin.
- **Elegisches Distichon:** Das elegische Distichon ist nicht im eigentlichen Sinne eine Strophenform, sondern ein Doppelvers. Er besteht aus einem Hexameter und einem Pentameter. Entstehungsgeschichtlich weist das Distichon einen Bezug zur **elegischen Dichtung der Antike** auf. Es findet sich in der deutschen Literatur insbesondere in der **Klassik**.
- **Volksliedstrophe:** Hierbei handelt es sich um eine Strophenform, die formal freier angelegt ist als beispielsweise das elegische Distichon oder die Odenstrophe. Die Volksliedstrophe besteht meist aus vier Versen, gelegentlich hat sie aber auch sechs Verse. Das Metrum ist grundsätzlich **alternierend** angelegt, wobei Füllungsfreiheit herrschen kann. Die Verse sind mittellang, sie haben in der Regel drei oder vier Hebungen (gelegentlich auch im Wechsel). Als Reimschema sind vor allem der Paarreim und der Kreuzreim gebräuchlich. Diese Strophenform, die sich durch **Einfachheit** auszeichnet, haben insbesondere die **Romantiker** verwendet.

TIPP

Falls Sie im Unterricht die Strophen- oder Gedichtformen nicht behandelt haben, wird Ihre Lehrkraft in einer Klausur auch nicht verlangen, dass Sie diese erkennen. Verwenden Sie also nicht zu viel Zeit darauf, entsprechende Merkmale (insbesondere die der komplizierten Odenstrophe) zu lernen. Die folgenden Beispiele und Übungen sind dennoch hilfreich, da Sie hier die Wirkung und Funktion der äußeren Form von Gedichten noch besser zu verstehen lernen.

BEISPIEL

Friedrich Gottlieb Klopstock
An Fanny (1748, Auszug)

Wenn einst ich todt bin, wenn mein Gebein zu Staub'
Ist eingesunken, wenn du, mein Auge, nun
Lang' über meines Lebens Schicksal,
Brechend im Tode, nun ausgeweint hast,

Und stillanbetend da, wo die Zukunft ist,
Nicht mehr hinauf blickst, wenn mein ersungner Ruhm,
Die Frucht von meiner Jünglingsthräne,
Und von der Liebe zu dir, Messias!
[…]

Der Auszug aus Klopstocks *An Fanny* besteht aus Odenstrophen. Die anspruchsvolle metrische Gestaltung passt zum hohen Stil. Die Zäsuren verlangsamen das Lesen und stehen so im Einklang mit dem reflektierenden Ton.

16 Bestimmen Sie die Strophenform des folgenden Gedichts und überlegen Sie, welche Bedeutung diese für den Text hat.

Clemens Brentano
Wiegenlied (entst. 1811/1812)

Singet leise, leise, leise,
Singt ein flüsternd Wiegenlied,
Von dem Monde lernt die Weise,
Der so still am Himmel zieht.

Singt ein Lied so süß gelinde,
Wie die Quellen auf den Kieseln,
Wie die Bienen um die Linde
Summen, murmeln, flüstern, rieseln.

Es wurde bereits darauf hingewiesen, dass einige Strophenformen zu bestimmten Gedichtformen gehören. So besteht das Volkslied (im literaturwissenschaftlichen Sinne) aus Volksliedstrophen, eine Ode aus Odenstrophen. Es gibt aber auch Gedichtformen, bei denen sich die einzelnen Strophen voneinander unterscheiden – so z. B. das Sonett oder die Terzine.

Video zum Sonett

WISSEN

- **Das Sonett:** Das Sonett besteht aus zwei Quartetten und zwei Terzetten, also aus insgesamt 14 Versen. Das gebräuchlichste Reimschema ist abba abba cde cde. Es existieren aber auch zahlreiche Abwandlungen dieses Schemas, insbesondere in den Terzetten. Das Sonett ist vor allem im Barock beliebt, da es durch seine zweigeteilte Form die für das Denken dieser Epoche zentrale Antithetik gut widerzuspiegeln vermag. Aber auch im Expressionismus wird die Gedichtform des Sonetts gerne verwendet.
- **Terzine:** Die Terzine besteht in der Regel aus mehreren dreiversigen Strophen. Das Reimschema setzt sich dabei über die Strophengrenzen fort: aba bcb cdc ded usw. Zum Abschluss folgt dann häufig ein Einzelvers, der sich auf den drittletzten Vers reimt. Aber auch eine Waise als vorletzter Vers ist möglich. Bekannt sind im Deutschen vor allem die Terzinen von Hugo von Hofmannsthal.

BEISPIEL

Rainer Maria Rilke
Du aber, Göttlicher (entst. 1922)

Du aber, Göttlicher[1], du, bis zuletzt noch Ertöner,
da ihn der Schwarm der verschmähten Mänaden[2] befiel,
hast ihr Geschrei übertönt mit Ordnung, du Schöner,
aus den Zerstörenden stieg dein erbauendes Spiel.

Keine war da, daß sie Haupt dir und Leier zerstör.
Wie sie auch rangen und rasten, und alle die scharfen
Steine, die sie nach deinem Herzen warfen,
wurden zu Sanftem an dir und begabt mit Gehör.

Schließlich zerschlugen sie dich, von der Rache gehetzt,
während dein Klang noch in Löwen und Felsen verweilte
und in den Bäumen und Vögeln. Dort singst du noch jetzt.

O du verlorener Gott! Du unendliche Spur!
Nur weil dich reißend zuletzt die Feindschaft verteilte,
sind wir die Hörenden jetzt und ein Mund der Natur.

1 Mit dem Göttlichen ist Orpheus gemeint, ein berühmter Sänger der griechischen Mythologie, der von den Mänaden zerrissen wurde.

2 Mänade: Begleiterinnen des Dionysos (griech. Gott des Weines und der Ekstase)

Dieses Gedicht lässt sich als Sonett identifizieren, auch wenn das Reimschema (abab cddc efe gfg) nicht ganz typisch ist. Die formale Zweiteilung des Gedichts in Quartette und Terzette unterstreicht den gedanklichen Aufbau: Dem positiven Wirken des Göttlichen (Strophe 1 und 2) wird in Strophe 3 und 4 die letztendliche Zerstörung des Göttlichen gegenübergestellt.

17 Kreuzen Sie an, welche der folgenden Aussagen auf Thomas Manns *Monolog* zutreffen.

Thomas Mann
Monolog (1899)

Ich bin ein kindischer und schwacher Fant[1],
Und irrend schweift mein Geist in alle Runde,
Und schwankend fass' ich jede starke Hand.

Und dennoch regt die Hoffnung sich im Grunde
Daß etwas, was ich dachte und empfand,
Mit Ruhm einst gehen wird von Mund zu Munde.

1 Fant: junger Mensch ohne Erfahrung

Schon klingt mein Name leise in das Land,
Schon nennt ihn mancher in des Beifalls Tone:
Und Leute sind's von Urteil und Verstand.

Ein Traum von einer schmalen Lorbeerkrone
Scheucht oft den Schlaf mir unruhevoll zur Nacht,
Die meine Stirn einst zieren wird, zum Lohne

Für dies und jenes, was ich hübsch gemacht.

a Bei diesem Gedicht handelt es sich um …

- ☐ eine Terzine, die …
- ☐ ein Sonett, das …
- ☐ eine Elegie, die …

geprägt ist von …

- ☐ strophenübergreifenden Reimen.
- ☐ einer unregelmäßigen Reimstruktur.
- ☐ einer Vielzahl an Reimen.

b Diese Gedichtform bewirkt …

- ☐ ein ständiges Stocken im Lesefluss.
- ☐ ein gleichmäßiges Vorwärtsschreiten beim Lesen.
- ☐ eine regelmäßige Pause in den Strophen.

c Das Gedicht wird durch den Schlussvers abgerundet, der …

- ☐ eine Waise ist.
- ☐ ein antithetisches Element ist.
- ☐ das Reimschema zum Abschluss bringt.

d Diese Strophenform passt auch zum Inhalt des Gedichts, denn sie spiegelt formal …

- ☐ die sich entwickelnde Vorstellung von der eigenen Bedeutsamkeit.
- ☐ die Unklarheit der Gedanken.
- ☐ den stockenden Lesefluss.

Test 2

Johann Wolfgang von Goethe
Gedichte sind gemalte Fensterscheiben (ersch. 1827)

Gedichte sind gemalte Fensterscheiben!
Sieht man vom Markt in die Kirche hinein,
Da ist alles dunkel und düster;
Und so siehts auch der Herr Philister[1].
Der mag denn wohl verdrießlich sein
Und lebenslang verdrießlich bleiben.

Kommt aber nur einmal herein!
Begrüßt die heilige Kapelle;
Da ists auf einmal farbig helle,
Geschicht und Zierat[2] glänzt in Schnelle,
Bedeutend wirkt ein edler Schein,
Dies wird euch Kindern Gottes taugen,
Erbaut euch und ergetzt die Augen!

1 *Philister: Spießbürger, kleingeistiger Mensch*

2 *Zier(r)at: Ornamente, Verzierung*

Aufgabe

Untersuchen Sie umfassend die formalen Merkmale des Gedichts „Gedichte sind gemalte Fensterscheiben“. Gehen Sie dabei Schritt für Schritt vor:

1 Bestimmen Sie das Metrum und notieren Sie Abweichungen vom metrischen Schema bzw. Besonderheiten. ___ von 4

2 Welches der im Folgenden genannten Versmaße trifft auf das Gedicht zu? ___ von 1

- ☐ Alexandriner
- ☐ Blankvers
- ☐ Keines der Versmaße liegt vor.

3 Bestimmen Sie die Reime im Hinblick auf die Reimqualität und die Reimquantität. ___ von 3

4 Untersuchen Sie die Kadenzen im Gedicht, nennen Sie die Verse, die einen Auftakt haben, und charakterisieren Sie die Versenden im Hinblick auf ihre Vollständigkeit. ___ von 3

___ von 4

5 Bestimmen Sie die Reimfolge in Goethes Gedicht. Überlegen Sie, welche Funktion diese im Gedicht hat, und begründen Sie Ihre Ergebnisse.

___ von 3

6 Beschreiben Sie den Rhythmus des Gedichts.

___ von 2

7 Prüfen Sie, welche der folgenden Aussagen zur Strophen- bzw. Gedichtform zutreffen, und kreuzen Sie diese an.

- ☐ Aufgrund der vielen Doppelsenkungen kann man festhalten, dass das Gedicht aus Volksliedstrophen besteht.
- ☐ Es handelt sich um eine sehr individuelle Gedichtform, da ein ungewöhnliches Reimschema vorliegt.
- ☐ Da das Gedicht 13 Verse hat, kann man es als Variation eines Sonetts ansehen, das in der Regel 14 Verse hat, – zumal es antithetisch aufgebaut ist.
- ☐ Man kann in dem Gedicht keine bekannte Strophen- bzw. Gedichtform erkennen.

Bewertungsvorschlag:

Note 1	Note 2	Note 3	Note 4	Note 5	Note 6
20–16 P.	15–12 P.	11–8 P.	7–5 P.	4–3 P.	unter 3 P.

Schritt 3: Analyse – Sprachliche Ebene

Lyrische Texte sind häufig noch stärker als Texte anderer Literaturgattungen rhetorisch durchgestaltet. Die genaue Sprachanalyse ist deshalb mindestens ebenso wichtig wie die Analyse von Inhalt und Form. Hierzu gehört die Untersuchung der rhetorischen Figuren und Tropen (oftmals zusammenfassend als „Stilmittel" bezeichnet), der Satzarten, des Satzbaus und der Wortwahl:

Rhetorische Figuren: Figuren der Wortwiederholung und Wortverbindung, der Satzstellung und Worteinsparung, Klangfiguren, Gedanken- bzw. Sinnfiguren → Tropen → Satzarten und Satzbau → Wortarten

1 Rhetorische Figuren der Wortwiederholung und der Wortverbindung

In Gedichten werden besonders oft Stilfiguren der Wiederholung genutzt, um bestimmte Aussagen hervorzuheben und zu verstärken. Auf der Wortebene spielen zudem rhetorische Figuren der Wortverbindung eine Rolle – das Polysyndeton und das Asyndeton.

Video zur Anapher

WISSEN

- **Anapher:** Das erste Wort eines Satzes oder eines Verses wird am Beginn des nächsten Satzes oder Verses wiederholt:
  Mund! der die Seelen kann durch Lust zusammenhetzen
  Mund! der viel süßer ist als starker Himmelswein.
- **Epipher:** Die Epipher ist das Gegenstück zur Anapher, denn hier wird das letzte Wort eines Satzes, einer Wortgruppe oder eines Verses am Ende des nächsten Satzes, der nächsten Wortgruppe oder des nächsten Verses wiederholt:
  Doch alle Lust will Ewigkeit –,
  – will tiefe, tiefe Ewigkeit!
- **Repetitio:** Hierbei handelt es sich um eine nicht weiter spezifizierte Wiederholung eines bedeutungstragenden Wortes oder einer Wortgruppe:
  Sei ruhig, bleibe ruhig, mein Kind!

WISSEN

- **Polysyndeton:** Beim Polysyndeton werden drei oder mehr Wörter oder Wortgruppen durch „und" miteinander verbunden, z. B.: *Liebe und Lust und Leben.* Dieses Stilmittel wird oft eingesetzt, um überschäumende Freude auszudrücken, kann aber auch (insbesondere in Verbindung mit Langversen) einen nachdenklichen Ton erzeugen.
- **Asyndeton:** Beim Asyndeton hingegen entfallen die „und"-Konjunktionen und die Wörter / Wortgruppen folgen ohne Verbindung aufeinander (in der Regel durch Kommata voneinander getrennt), wie z. B. *starr, kalt, leise.* Oft wirkt das Asyndeton schroff, es kann aber auch den Rhythmus beschleunigen und so die Intensität steigern.

Video zum Polysyndeton

Video zum Asyndeton

BEISPIEL

Peter Hille
Waldstimme

Wie deine grüngoldenen Augen funkeln,
Wald, du moosiger Träumer,
Wie so versonnen deine Gedanken dunkeln,
Saftstrotzender Tagesversäumer,
Einsiedel, schwer von Leben!

Über der Wipfel Hin- und Wiederschweben:
Wie's Atem holt
und näher kommt
und braust,
Und weiter zieht
und stille wird
und saust!

Über der Wipfel Hin- und Wiederschweben,
Hochoben steht ein ernster Ton,

Dem lauschten tausend Jahre schon
Und werden tausend Jahre lauschen.
Und immer dieses starke, donnerdunkle Rauschen.

In diesem Gedicht finden sich einige Anaphern: In den Versen 1 und 3 stützt die Anapher „Wie" die Parallelität der beiden Verse.

In den Versen 8 bis 12 unterstreichen die Anaphern – zugleich ein Polysyndeton – die Reihung der Prädikate und das Beeindruckende des Hin- und Wiederschwebens. V. 6 und 13 sind komplett identisch.

In der letzten Strophe wird mit der Repetitio „tausend" schließlich das Überdauernde des beschriebenen Naturphänomens betont.

18 Untersuchen Sie das folgende Gedicht hinsichtlich der Verwendung von Wiederholungsfiguren. Erstellen Sie eine Rangfolge der jeweiligen Verwendung des Stilmittels an den betreffenden Textstellen: Wo ist der Einsatz des Stilmittels für die Deutung des Gedichts wichtig und wo ist er weniger bedeutsam?

August von Platen
Es liegt an eines Menschen Schmerz (ersch. 1823)

Es liegt an eines Menschen Schmerz, an eines Menschen Wunde nichts,
Es kehrt an das, was Kranke quält, sich ewig der Gesunde nichts,
Und wäre nicht das Leben kurz, das stets der Mensch vom Menschen erbt,
So gäb's Beklagenswerteres auf diesem weiten Runde nichts.
Einförmig stellt Natur sich her, doch tausendförmig ist ihr Tod,
Es fragt die Welt nach meinem Ziel, nach deiner letzten Stunde nichts.
Und wer sich willig nicht ergibt dem ehrnen Lose, das ihm dräut[1],
Der zürnt ins Grab sich rettungslos und fühlt in dessen Schlunde nichts.
Dies wissen alle, doch vergißt es jeder gerne jeden Tag.
So komme denn, in diesem Sinn, hinfort aus meinem Munde nichts!
Vergeßt, daß euch die Welt betrügt, und daß ihr Wunsch nur Wünsche zeugt,
Laßt eurer Liebe nichts entgehn, entschlüpfen eurer Kunde nichts!
Es hoffe jeder, daß die Zeit ihm gebe, was sie keinem gab,
Denn jeder sucht ein All zu sein und jeder ist im Grunde nichts.

1 dräuen: drohen

19 Ordnen Sie die Stilmittel des Asyndetons und des Polysyndetons den beiden Varianten des folgenden Gedichtbeginns zu, indem Sie diese in die Freifelder schreiben. Überlegen Sie, welche Variante in Ihren Augen besser zum Gedicht passt, und beschreiben Sie dazu die jeweilige Wirkung.

Variante 1
Johann Wolfgang von Goethe
Rastlose Liebe (1776, Auszug)

Dem Schnee und dem Regen
Und dem Wind entgegen,
Im Dampf der Klüfte,
durch Nebeldüfte,
Immer zu! Immer zu!
Ohne Rast und Ruh!

Variante 2
Johann Wolfgang von Goethe
Rastlose Liebe (1776, Auszug)

Dem Schnee, dem Regen,
Dem Wind entgegen,
Im Dampf der Klüfte,
durch Nebeldüfte,
Immer zu! Immer zu!
Ohne Rast und Ruh!

2 Rhetorische Figuren der Satzstellung und der Worteinsparung

Auf der Ebene des Satzes spielen in der Lyrik vor allem die folgenden Figuren eine Rolle:

WISSEN

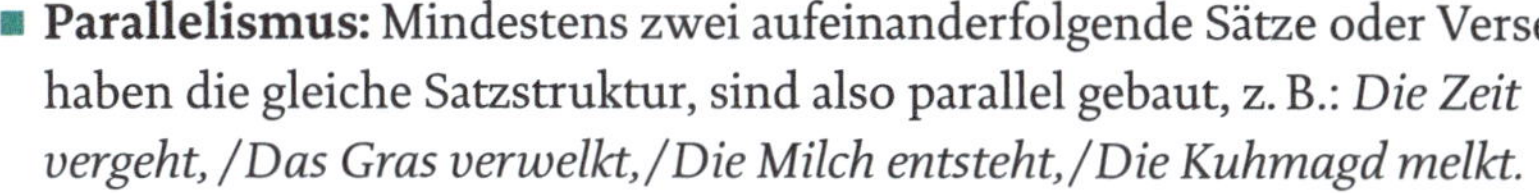

- **Parallelismus:** Mindestens zwei aufeinanderfolgende Sätze oder Verse haben die gleiche Satzstruktur, sind also parallel gebaut, z. B.: *Die Zeit vergeht, / Das Gras verwelkt, / Die Milch entsteht, / Die Kuhmagd melkt.*
- **Inversion:** Die Stellung der Satzglieder weicht von der Normalstellung ab, z. B. *Tragisch endet die Geschichte* statt *Die Geschichte endet tragisch.* Eine Inversion dient meist dazu, ein Wort oder eine Wortfolge hervorzuheben.

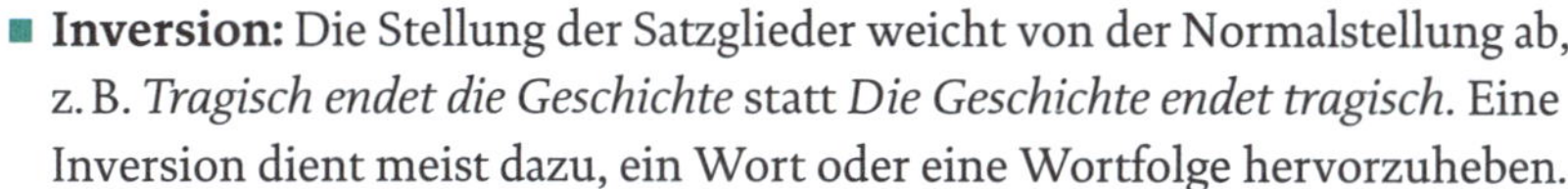

- **Vorangestelltes Genitivattribut:** Bei diesem stilistischen Mittel wird ein Genitivattribut seinem Bezugswort vorangestellt (z. B. *der Sonne Glänzen*). Es ist meist Zeichen für einen hohen Stil. Außerdem werden dadurch die sinntragenden Wörter stärker miteinander verbunden. Man kann hier von einer Sonderform der Inversion sprechen.
- **Correctio:** Der Sprecher verbessert sich selbst, indem er eine Aussage beispielsweise korrigiert, präzisiert oder auch steigert: *Wir müssen darum unsere Stimme eindringlich, ja beschwörend erheben.*

Video zum Parallelismus

Video zur Inversion

Jakob Michael Reinhold Lenz
Wo bist du itzt … (entst. 1772)

Wo bist du itzt, mein unvergeßlich Mädchen,
Wo singst du itzt?
Wo lacht die Flur, wo triumphiert das Städtchen,
Das dich besitzt?

Seit du entfernt, will keine Sonne scheinen,
Und es vereint
Der Himmel sich, dir zärtlich nachzuweinen,
Mit deinem Freund.

All unsre Lust ist fort mit dir gezogen,
Still überall
Ist Wald und Feld. Dir nach ist sie geflogen
Die Nachtigall.

O komm zurück! Schon rufen Hirt und Heerden
Dich bang herbei.
Komm bald zurück! Sonst wird es Winter werden
Im Monat Mai.

BEISPIEL

Der Parallelismus in Strophe 1 („Wo bist du itzt […], / Wo singst du itzt? / Wo lacht die Flur, wo triumphiert das Städtchen […] ?“) unterstreicht die Verzweiflung des lyrischen Ichs über die Abwesenheit des geliebten Mädchens. Die Inversion, die sich aus der Stellung des erweiterten Infinitivs „dir zärtlich nachzuweinen“ (V. 7) ergibt, betont diesen und damit die Trauerreaktion. Mit der Inversion „Still“ (V. 10) wird der bedrückenden Stille besonderes Gewicht verliehen. Die Inversion „Dir nach ist sie geflogen“ (V. 11) stellt die Geliebte an den Satzbeginn und hebt so deren Bedeutung hervor.

20 Ordnen Sie die links neben dem Gedicht stehenden Stilmittel Textstellen im Gedicht zu. Verbinden Sie dafür die Stilmittel mit der Textstelle. Formulieren Sie jeweils knapp die Wirkung dieser Stilmittel.

Inversion

Inversion (vorangestelltes Genitivattribut)

Inversion (vorangestelltes Genitivattribut)

Correctio

Parallelismus

Andreas Gryphius
Tränen des Vaterlandes (ersch. 1643)

Wir sind doch nunmehr ganz, ja mehr denn ganz verheeret!
Der frechen Völker Schar, die rasende Posaun
Das vom Blut fette Schwert, die donnernde Karthaun
Hat aller Schweiß, und Fleiß, und Vorrat aufgezehret.

Die Türme stehn in Glut, die Kirch' ist umgekehret.
Das Rathaus liegt im Graus, die Starken sind zerhaun,
Die Jungfern sind geschänd't, und wo wir hin nur schaun
Ist Feuer, Pest, und Tod, der Herz und Geist durchfähret.

Hier durch die Schanz und Stadt rinnt allzeit frisches Blut.
Dreimal sind schon sechs Jahr, als unser Ströme Flut
Von Leichen fast verstopft, sich langsam fort gedrungen.

Doch schweig ich noch von dem, was ärger als der Tod,
Was grimmer denn die Pest, und Glut und Hungersnot,
Daß auch der Seelen Schatz so vielen abgezwungen.

Video zur Ellipse

WISSEN

- **Ellipse:** Bei einer Ellipse wird ein Satzglied (meist das Prädikat) weggelassen, das für einen vollständigen Satz eigentlich notwendig wäre, z. B. *Welch ein Wunder!* statt *Welch ein Wunder das ist!* Ellipsen dienen oft der Intensivierung der Aussage und sind zudem häufig mit Ausrufen gekoppelt. Sie können aber auch eine nüchterne, registrierende Sprechhaltung stützen.

BEISPIEL

Günter Kunert
Den Fischen (ersch. 1966)

Den Fischen das Fliegen
Beigebracht. Unzufrieden dann
Sie getreten wegen
Des fehlenden Gesangs.

Beide Sätze in diesem kurzen Gedicht sind unvollständig, d. h. elliptisch. Die Ellipsen sind ein zentrales Stilmittel des Gedichts. Sie dienen in diesem Fall nicht dazu, eine besondere Sprechintensität zu erzeugen, sondern sie lassen den Text protokollartig wirken.

21 Gibt es in dem folgenden Gedicht Ellipsen? Wenn ja: Markieren Sie sie und erläutern Sie ihre Funktion.

Joseph von Eichendorff
Nachts (ersch. 1826)

Ich wandre durch die stille Nacht,
Da schleicht der Mond so heimlich sacht
Oft aus der dunklen Wolkenhülle,
Und hin und her im Tal
Erwacht die Nachtigall,
Dann wieder alles grau und stille.

O wunderbarer Nachtgesang:
Von fern im Land der Ströme Gang,
Leis Schauern in den dunklen Bäumen –
Wirrst die Gedanken mir,
mein irres Singen hier
Ist wie ein Rufen nur aus Träumen.

3 Klangfiguren

Der Klang spielt in der Lyrik eine zentrale Rolle. Dabei reicht der Klangcharakter über formale Merkmale wie das Metrum oder die Reimstruktur hinaus. Auch bestimmte Stilfiguren können lyrischen Texten eine besondere klangliche Gestalt verleihen.

WISSEN

Video zur Alliteration

Video zur Onomatopoesie

Video zur Assonanz

- **Alliteration:** Zwei benachbarte bedeutungstragende Wörter beginnen mit demselben Laut (z. B.: *Lust und Lieb, trauriger Trost*).
- **Onomatopoesie** (auch Lautmalerei): Ein Wort ahmt den Klang bzw. das Geräusch des mit dem Wort Bezeichneten nach bzw. erinnert an diesen / dieses (z. B.: *watscheln* oder *Kuckuck*).
- **Binnenreim:** Im Unterschied zum Endreim reimen sich nicht die Versenden, sondern zwei Worte mit beliebiger Stellung im Vers (*Grob ist das Lob.*).
- **Assonanz:** Zwei oder mehr Wörter gleichen oder ähneln sich stark im Hinblick auf die Vokallaute (*Ehre werde jenem Helden.*).

Novalis
Lied der Toten (ersch. 1800, Auszug)

Uns ward erst die Liebe Leben;
Innig wie die Elemente
Mischen wir des Daseins Fluten,
Brausend Herz mit Herz.
Lüstern scheiden sich die Fluten,
Denn der Kampf der Elemente
Ist der Liebe höchstes Leben
Und des Herzens eignes Herz.

Leiser Wünsche süßes Plaudern
Hören wir allein, und schauen
Immerdar in sel'ge Augen,
Schmecken nichts als Mund und Kuß,
Alles, was wir nur berühren,
Wird zu heißen Balsamfrüchten,
Wird zu weichen zarten Brüsten,
Opfer kühner Lust.

In der zweiten Strophe dieses Gedichts sind die Reime durch Assonanzen ersetzt (z. B.: „Plaudern" – „schauen"). Doch auch innerhalb der Verse finden sich Assonanzen: „Mund" und „Kuß" gleichen sich in der Vokallautung und verknüpfen die beiden Wörter noch stärker miteinander. Der Teilsatz „Wird zu heißen Balsamfrüchten" hat zudem fast die gleiche Vokallautung wie „Wird zu weichen zarten Brüsten" (V. 14 f.), was den Parallelismus der Teilsätze zusätzlich unterstreicht. Zu der starken klanglichen Gestaltung des Gedichts gehört auch die Onomatopoesie „Brausend" (V. 4), die das Geräusch nachahmt, sowie die Alliteration „Liebe Leben" (V. 1), mit der die Nähe von Liebe und Leben unterstrichen wird.

22 **a** Kreuzen Sie jeden Vers an, in dem eine Alliteration vorkommt.

Rainer Maria Rilke
Ich fürchte mich so vor der Menschen Wort (1897)

Ich fürchte mich so vor der Menschen Wort. ☐
Sie sprechen alles so deutlich aus: ☐
Und dieses heißt Hund und jenes heißt Haus, ☐
und hier ist Beginn und das Ende ist dort. ☐

Mich bangt auch ihr Sinn, ihr Spiel mit dem Spott, ☐
sie wissen alles, was wird und war; ☐
kein Berg ist ihnen mehr wunderbar; ☐
ihr Garten und Gut grenzt grade an Gott. ☐

Ich will immer warnen und wehren: Bleibt fern. ☐
Die Dinge singen hör ich so gern. ☐
Ihr rührt sie an: sie sind starr und stumm. ☐
Ihr bringt mir alle die Dinge um. ☐

b Entscheiden Sie, welche der folgenden Auslegungen der Alliterationen am besten zum Gedicht passt.

☐ Die Alliterationen kontrastieren mit der Anlage des Gedichts als Sprachkritik.

☐ Die Alliterationen erzeugen eine Musikalität der Sprache, die zum Inhalt des Gedichtes passt. Es kritisiert die Sprache als Instrument der Welterfassung und fordert dazu auf, die musikalische Sprache der Dinge wieder erklingen zu lassen.

☐ Die Alliterationen unterstreichen die dunkle Atmosphäre des Gedichts, da diese vor allem aus dunklen Konsonanten bestehen.

c Handelt es sich bei „Die Dinge singen“ (V. 10) um einen Binnenreim oder um eine Assonanz? Begründen Sie Ihre Antwort.

23 Welche Klangfiguren kommen im Text *Seegesicht* zum Einsatz? Äußern Sie sich zu der Frage, welche Bedeutung sie insgesamt für das Gedicht haben.

Peter Hille
Seegesicht (1904)

Die Küste ruht.
Weites Tritonengetut[1].
Silberne Wunden der Flut.
Tobende Augen der Wut.
Krähende Pausbacks auf steigenden Rossen,
Plätschernde leuchtende purpurne Flossen,
Neckisch Bedräuen mit Zacken und Spießen,
Kräftig erfassendes Leiberumschließen.

Sieh, eine Muschel fleischgelb und zart,
Von Amorinen[2] flüsternd bewahrt.
Hingegossen ruhende Linien,
Grüßender rauschender Palmen und Pinien.
Angeblühte rosige Brüste.
Lächelnde sonnengestreifte Küste.

Fürder kein Dräuen mit Zacken und Spießen,
Lallend einnickendes Leiberumschließen,
Schlummernde Pausbacks auf ziehenden Rossen.
Grünhinflüsternde, finstere Flossen.
Stierende Augen der Wut.
Erloschene Wunden der Flut,
Fernes Tritonengetut,
Die Küste ruht.

1 Tritonen: Begleiter des Meeresgottes Neptun

2 Amorinen: in der griech. Mythologie Begleiterinnen des Liebesgottes

4 Gedanken- bzw. Sinnfiguren

Sinn- bzw. Gedankenfiguren beziehen sich auf die besondere sprachliche Ausgestaltung eines Gedankens.

WISSEN

- **Antithese:** Bei der Antithese werden zwei Teilsätze bzw. Wendungen von gegensätzlichem Inhalt einander kontrastierend gegenübergestellt, z. B. *Liebe und Leben, Tod und Hass.*
- **Chiasmus:** Die syntaktische Struktur zweier (Teil-)Sätze ist hier gegenläufig im Sinne einer Spiegelung. Schreibt man die (Teil-)Sätze untereinander, so ist die Satzstruktur überkreuzt, z. B.:
  Das Streben ist groß, klein ist der Sinn. Man kann den Chiasmus auch als Figur der Satzstellung einordnen.
- **Klimax:** Drei oder mehr Elemente werden in einer Steigerung aneinandergefügt (z. B.: *Sie ging, sie lief, sie rannte.*).
- **Oxymoron:** Zwei Begriffe, die sich eigentlich widersprechen, werden miteinander kombiniert (z. B.: *traurigfroh, bittere Süße* oder *mutig und feige*).

Video zur Antithese

Video zum Chiasmus

Video zur Klimax

Video zum Oxymoron

BEISPIEL

Conrad Ferdinand Meyer
Schwüle (1864, Auszug)

Trüb verglomm der schwüle Sommertag,
Dumpf und traurig tönt mein Ruderschlag –
Sterne, Sterne – Abend ist es ja –
Sterne, warum seid ihr noch nicht da?

Bleich das Leben! Bleich der Felsenhang!
Schilf, was flüsterst du so frech und bang?
Fern der Himmel und die Tiefe nah –
Sterne, warum seid ihr noch nicht da?

Der Chiasmus in Vers 7 dieses Auszugs unterstreicht die Gegenüberstellung des fernen Himmels (nach oben gerichteter Blick) und der „nahen" Tiefe des Wassers (nach unten gerichteter Blick). Der Chiasmus ist hier (wie so häufig) mit einer Antithese verbunden.

Georg Trakl
Grodek (1914, Auszug)

Am Abend tönen die herbstlichen Wälder
Von tötlichen Waffen, die goldnen Ebenen
Und blauen Seen, darüber die Sonne
Düster hinrollt; umfängt die Nacht
Sterbende Krieger, die wilde Klage
Ihrer zerbrochenen Münder.

Die Kombination aus „Sonne" und „düster" (V. 3 f.) wirkt widersprüchlich. Es handelt sich hierbei um ein Oxymoron, das zur außergewöhnlichen Stimmung des Gedichts beiträgt: Eigentlich schöne Natureindrücke werden hier mit der schrecklichen Wirklichkeit des Krieges verbunden.

Andreas Gryphius
Tränen des Vaterlandes (Auszug)

Die Türme stehn in Glut, die Kirch' ist umgekehret.
Das Rathaus liegt im Grauß, die Starken sind zerhaun,
Die Jungfern sind geschänd't, und wo wir hin nur schaun
Ist Feuer, Pest, und Tod, der Herz und Geist durchfähret.

In Vers 4 des Auszugs handelt es sich um eine Klimax („Feuer, Pest, und Tod"), mit der in steigernder Form die Schrecken des Dreißigjährigen Krieges unterstrichen werden.

24 Finden Sie in Rilkes Gedicht *Ich fürchte mich so vor der Menschen Wort* (siehe S. 59) den Chiasmus.

25 Untersuchen Sie den folgenden Gedichtauszug hinsichtlich der Gedankenfiguren, die Sie bisher kennengelernt haben, und formulieren Sie einen kurzen Interpretationstext dazu.

Johann Wolfgang von Goethe
Das Göttliche (entst. vor 1784, Auszug)

Auch so das Glück
Tappt unter die Menge,
Faßt bald des Knaben
Lockige Unschuld,
Bald auch den kahlen
Schuldigen Scheitel.

Nach ewigen, ehrnen,
Großen Gesetzen
Müssen wir alle
Unseres Daseins
Kreise vollenden.

Nur allein der Mensch
Vermag das Unmögliche:
Er unterscheidet,
Wählet und richtet;
Er kann dem Augenblick
Dauer verleihen.

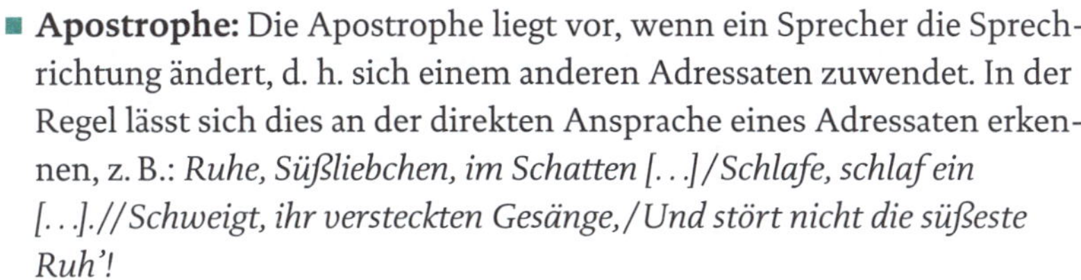

- **Rhetorische Frage:** Die rhetorische Frage ist eine Frage, bei der der Sprecher keine Antwort erwartet, sondern bei der die Antwort schon klar ist *(Ein Traum von einer Vase. Ist sie nicht schön?)*. Ob es sich um eine echte Frage oder um eine rhetorische Frage handelt, lässt sich durch den Kontext, die Sprechabsicht und die Art und Weise, wie die Frage gestellt wird, erschließen. Rhetorische Fragen dienen meist der Intensivierung der Aussage.
- **Apostrophe:** Die Apostrophe liegt vor, wenn ein Sprecher die Sprechrichtung ändert, d. h. sich einem anderen Adressaten zuwendet. In der Regel lässt sich dies an der direkten Ansprache eines Adressaten erkennen, z. B.: *Ruhe, Süßliebchen, im Schatten [. . .]/Schlafe, schlaf ein [. . .].//Schweigt, ihr versteckten Gesänge,/Und stört nicht die süßeste Ruh'!*
  Es ist auch üblich, dann von Apostrophen zu sprechen, wenn der Adressat der lyrischen Rede ein (in der fiktiven Textwelt) nicht reales Gegenüber ist (z. B. bei der Anrede der Liebe wie in Ingeborg Bachmanns Gedicht *Erklär mir, Liebe*).
- **Ausruf:** Beim Ausruf (auch Exclamatio) spricht das Subjekt mit besonderer emotionaler Intensität. Zentrales Kennzeichen des Ausrufs sind das Ausrufezeichen am Satzende und die Kürze des Satzes (*Das hat keinen Sinn!*). Oft wird der Ausruf mit einer Ellipse kombiniert.
- **Interjektion:** Die Interjectio (lat. für Einwurf) steht dem Ausruf nahe und tritt auch häufig mit diesem zusammen auf. Es handelt sich um ein nichtflektierbares Empfindungswort bzw. Ausrufewort wie z. B. „ach", „ja" oder „hey" (z. B. *Ach, wie traurig ich bin.*).

Video zur rhetorischen Frage

Video zum Ausruf

BEISPIEL

Friedrich Hölderlin
Hälfte des Lebens (ersch. 1804)

Mit gelben Birnen hänget
Und voll mit wilden Rosen
Das Land in den See,
Ihr holden Schwäne,
Und trunken von Küssen
Tunkt ihr das Haupt
Ins heilignüchterne Wasser.

Weh mir, wo nehm' ich, wenn
Es Winter ist, die Blumen, und wo
Den Sonnenschein,
Und Schatten der Erde?
Die Mauern stehn
Sprachlos und kalt, im Winde
Klirren die Fahnen.

In diesem Gedicht finden sich eine Apostrophe und eine rhetorische Frage. In Vers 4 bis 7 ändert sich die Sprechrichtung, da sich das lyrische Ich an die „holden Schwäne" richtet. Die Beziehung zur Natur wird durch die direkte Ansprache besonders intensiv dargestellt. Vers 8 bis 11 ist eine rhetorische Frage – das lyrische Ich erwartet hier keine Antwort auf seine Frage, da es weiß, dass es im Winter keine Blumen etc. bekommen wird. Diese rhetorische Frage unterstreicht die vom lyrischen Ich erwartete Verzweiflung angesichts der winterlichen Unwirtlichkeit. Als einen Ausruf ohne Ausrufezeichen kann man die Wendung „Weh mir" (V. 8) verstehen, er artikuliert die intensive Sorge des lyrischen Ichs.

26 Markieren Sie mit unterschiedlichen Farben in Goethes *Wandrers Nachtlied* die folgenden Stilmittel – sofern sie vorliegen: rhetorische Frage, Interjektion, Apostrophe und Ausruf. Stellen Sie knapp ihre Funktion für das Gedicht dar.

Johann Wolfgang von Goethe
Wandrers Nachtlied (1776)

Der du von dem Himmel bist,
Alle Freud und Schmerzen stillest,
Den, der doppelt elend ist,
Doppelt mit Erquickung füllest;
Ach, ich bin des Treibens müde!
Was soll all die Qual und Lust?
Süßer Friede,
Komm, ach komm in meine Brust!

WISSEN

Bei einem **Vergleich** wird ein Lebewesen, ein Gegenstand, ein Vorgang etc. in eine Ähnlichkeitsbeziehung zu etwas anderem gesetzt. Meist wird dazu das Vergleichswörtchen „wie" verwendet (z. B.: *erhaben wie ein Vogel*), es sind aber auch andere Wörter bzw. Wendungen möglich (z. B.: *gleich einem Vogel*; *Und meine Seele spannte / Weit ihre Flügel aus. / Flog durch die stillen Lande, / Als flöge sie nach Haus.*).

Beim Vergleich gibt es (wie bei der Metapher) ein sogenanntes *tertium comparationis*, das „gemeinsame Dritte", das das Verbindende in der Ähnlichkeitsbeziehung ist: Bei dem Vergleich *Der Akrobat ist erhaben wie ein Vogel* ist das *tertium comparationis* „erhaben" genannt, bei dem Beispiel *Der Akrobat ist wie eine Feder* muss es aufgrund des bildhaften Ausdrucks in der Interpretation erschlossen werden.

Video zum Vergleich

BEISPIEL

Stefan George
Du schlank und rein wie eine flamme
(entst. 1918/1919, Auszug)

Du schlank und rein wie eine flamme
Du wie der morgen zart und licht
Du blühend reis vom edlen stamme
Du wie ein quell geheim und schlicht

Begleitest mich auf sonnigen matten
Umschauerst mich im abendrauch
Erleuchtest meinen weg im schatten
Du kühler wind du heisser hauch

Du bist mein wunsch und mein gedanke
Ich atme dich mit jeder luft
Ich schlürfe dich mit jedem tranke
Ich küsse dich mit jedem duft

Zu Beginn dieses Gedichts führt George eine Reihe von Vergleichen an: Hier werden offenbar einem geliebten Menschen Attribute zugesprochen, die dann jeweils mit einem würdigenden und präzisierenden Vergleich veranschaulicht werden. Interessanterweise enthalten die zweite und die dritte Strophe keine Vergleiche mehr, insofern haben die der ersten Strophe auch eine strukturelle Bedeutung. Der dritte Vers zeigt übrigens die Nähe des Vergleichs zur Metapher, denn hier könnte man aus der Metapher (siehe S. 67) durch die Hinzufügung des Wörtchens „wie" einen Vergleich machen: „Du bist wie ein blühend reis vom edlen stamme".

27 Finden Sie den Vergleich im folgenden Gedicht und erschließen Sie seine Bedeutung.

Rainer Maria Rilke
Mir ist, als ob ich alles Licht verlöre (1897/1898)

Mir ist, als ob ich alles Licht verlöre.
Der Abend naht und heimlich wird das Haus;
ich breite einsam beide Arme aus,
und keiner sagt mir, wo ich hingehöre.

Wozu hab ich am Tage alle Pracht
gesammelt in den Gärten und den Gassen,
kann ich dir zeigen nicht in meiner Nacht,
wie mich der neue Reichtum größer macht
und wie mir alle Kronen passen?

5 Tropen

Ein sogenannter Tropus ist eine **Ersetzungsfigur:** Der gemeinte, „eigentliche" Begriff wird durch einen anderen Begriff oder eine andere Wendung ersetzt.

WISSEN

- **Metapher:** Der gemeinte Begriff wird durch einen anderen Begriff ersetzt, der mit diesem – wie bei einem Vergleich – ein *tertium comparationis* gemein hat. Der Ersatzbegriff entstammt dabei einem anderen Gegenstands- oder Vorstellungsbereich als der gemeinte. In dem Satz *Sie ist die Königin des Eises* ist „Königin des Eises" eine Metapher für die „beste Eisläuferin". Es handelt sich also um eine Bildfigur.
- **Personifikation:** Bei einer Personifikation werden einem Ding, einem Tier oder einer abstrakten Vorstellung menschliche Eigenschaften verliehen. Da dies meist dadurch geschieht, dass ein Adjektiv oder ein Verb ersetzt wird, zählt die Personifikation zu den Ersetzungsfiguren: In dem Satz *Der Wind johlt* ersetzt das Wort „johlen" eine Wendung wie „macht Geräusche". Da eigentlich nur Menschen johlen können, wird der Wind hier personifiziert.
- **Synekdoche:** Ein Begriff wird durch einen anderen Begriff ersetzt, der eine umfassendere oder eine weniger umfassende Bedeutung als dieser hat. Dazu gehören das *Pars pro Toto* (ein Teil steht für das Ganze: z. B. Dach für Haus), das *Totum pro Parte* (das Ganze steht für einen Teil: z. B. Baum für Ast) und der Fall, dass ein Begriff im Singular für einen Begriff im Plural steht (*der Deutsche* für die Mehrheit der Deutschen).
- **Metonymie:** Bei der Metonymie findet die Ersetzung durch einen Begriff statt, der mit diesem in einer realen geistigen oder sachlichen Beziehung steht. Im Unterschied zur Metapher bleibt die Metonymie im Gegenstands- oder Vorstellungsbereich des gemeinten Begriffs.
  Typische Fälle sind die folgenden:
  - das Material steht für das Produkt (Eisen für Schwert),
  - der Ort oder ein Datum steht für ein Ereignis (Auschwitz für den Holocaust, der 11. September für die Anschläge auf das World Trade Center),
  - das Gefäß für den Inhalt (Flasche für das darin befindliche Getränk),
  - ein Hersteller für ein Produkt (Tempo für Taschentuch).

Video zum Metapher

Video zur Personifikation

BEISPIEL

Annette von Droste-Hülshoff
An meine Mutter (posthum veröff. 1860)

So gern hätt' ich ein schönes Lied gemacht
Von Deiner Liebe, deiner treuen Weise;
Die Gabe, die für andre immer wacht,
Hätt' ich so gern geweckt zu deinem Preise.

Doch wie ich auch gesonnen mehr und mehr,
Und wie ich auch die Reime mochte stellen,
Des Herzens Fluten wallten darüber her,
Zerstörten mir des Liedes zarte Wellen.

So nimm die einfach schlichte Gabe hin,
Von einfach ungeschmücktem Wort getragen,
Und meine ganze Seele nimm darin:
Wo man am meisten fühlt, weiß man nicht viel zu sagen.

Mit dem Begriff „Lied" (V. 1) ist hier offenbar ein Gedicht gemeint. Da dieser Begriff mit dem gemeinten Begriff in einer geistigen Beziehung steht (literarhistorischer Ursprung), kann man von einer **Metonymie** sprechen. Die „Gabe" (V. 3) wird durch den Begriff „wachen" **personifiziert**, da das Wachen als aktives Handeln nur Menschen eigen ist. Bei „Des Herzens Fluten" (V. 7) und „des Liedes zarte Wellen" (V. 8) handelt es sich um **Metaphern**. Das überwältigende Drängen des Herzens wird durch die „Fluten" veranschaulicht, das Zurückhaltend-Schöne des Liedes durch die „zarten Wellen". Der Begriff „Wort" (V. 10) ist deshalb als **Synekdoche** zu verstehen, da er hier für die gesamten Worte des Gedichts steht – der Singular ersetzt den Plural.

28 Ordnen Sie die folgenden Tropen den Beispielen zu, indem Sie sie mit Linien verbinden.

Und die im Tal verderben
In trüber Sorgen Haft […]

J. v. Eichendorff: Allgemeines Wandern

Reue schluchzen seine Blicke.

Friedrich Hölderlin: Das menschliche Leben

Es zog eine Hochzeit den Berg entlang,
Ich hörte die Vögel schlagen,
Da blitzten viel Reiter, das Waldhorn klang,
Das war ein lustiges Jagen!

J. v. Eichendorff: Im Walde

So walte Gott! – ich lös des Schiffleins Bande,
Wegweiser sind die Stern, die ewig hellen,
Viel Segel fahren da und frisch' Gesellen
Begrüßen uns von ihrer Schiffe Rande.

J. v. Eichendorff: Der Fromme

Metapher | Metonymie | Personifikation | Synekdoche

29 Entscheiden Sie, ob es sich bei den markierten Begriffen im folgenden Gedicht um den jeweils nebenstehenden Tropus handelt, und begründen Sie Ihre Aussage. Erläutern Sie, welche Bedeutung den Tropen insgesamt im Gedicht zukommt.

Johann Wolfgang von Goethe
Herbstgefühl (1775)

Fetter grüne, du Laub',
Am Rebengeländer
Hier mein Fenster herauf!
Gedrängter quellet,
Zwillingsbeeren, und reifet — **Metapher?**
Schneller und glänzend voller!
Euch brütet der Mutter Sonne — **Personifikation?** (brütet) — **Personifikation?** (Mutter Sonne)
Scheideblick, euch umsäuselt — **Synekdoche?**

Des holden Himmels
Fruchtende Fülle;
Euch kühlet des Mondes
Freundlicher Zauberhauch,
Und euch bethauen, ach! — **Metapher?**
Aus diesen Augen
Der ewig belebenden Liebe
Vollschwellende Thränen.

WISSEN

Symbol: Das Symbol kann man ebenfalls zu den Ersetzungsfiguren zählen. Ein Begriff, der in der Regel eine konkrete Bedeutung hat, steht hier für einen anderen Begriff – oftmals eine abstrakte Vorstellung. Man bezeichnet Symbole auch als Sinnbilder, die der Anschauung komplexer Sachverhalte und Gefühle dienen.

Zwei Formen des Symbols lassen sich unterscheiden:

- Die Verbindung von Begriff und Bedeutung ist **willkürlich** und **konventionell** (gesellschaftlich festgelegt), sodass kein unmittelbar ersichtlicher Bezug zwischen Begriff und Vorstellung besteht: So ist z. B. die *Taube* ein Symbol für den Frieden, das *Lorbeerblatt* steht für den Sieg und das *Kreuz* für den Tod. In der Epoche der Romantik entwickelt sich beispielsweise das *Herz* zum Symbol für das empfindende Ich und die *blaue Blume* zum Symbol für Sehnsucht und die poetische Welt.
- Es existiert eine **konkrete Verbindung** zwischen Begriff und gemeinter Vorstellung. So kann beispielsweise die Uhr ein Symbol für die Vergänglichkeit sein, wenn sie in einem literarischen Text entsprechend ausgestaltet ist.

Zudem können bestimmte Begriffe in einem literarischen Text symbolisch aufgeladen werden. Sie erhalten dann einen über sich selbst hinausweisenden **sinnbildlichen Charakter.**

BEISPIEL

Theodor Kornfeld
Eine Sanduhr (1685)

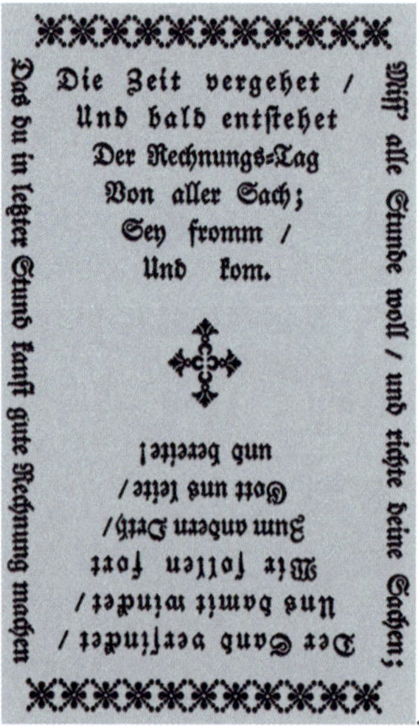

In diesem Figurengedicht fungiert die Sanduhr als Symbol, da sie über sich selbst hinaus auf die Vergänglichkeit verweist, die im Gedicht beschrieben wird. Das Symbol wird zum einen grafisch umgesetzt, indem der gesamte Textfluss den Formen einer Sanduhr folgt. Zum anderen steht es im Titel und erhält dadurch zusätzliches Gewicht. Im Text selbst wird das Symbol in der Formulierung „Der Sand versincket“ nur noch einmal angedeutet.

Insbesondere bei der Gedichtanalyse ist oft eine Betrachtung der **Farbsymbolik** lohnenswert. Die Zuschreibungen sind allerdings nicht immer eindeutig, das heißt, sie müssen im Kontext der Gedichtaussage und ggf. unter Berücksichtigung anderer sprachlicher Gestaltungsmittel erschlossen werden. So kann die Farbe Rot z. B. ebenso für Gefahr wie für Leidenschaft stehen.

TIPP

30 Entscheiden Sie, welche Wendungen in der unten stehenden Deutung von Else Lasker-Schülers *Mein blaues Klavier* jeweils besser passen. Streichen Sie die nicht zutreffenden Aussagen durch.

Else Lasker-Schüler[1]
Mein blaues Klavier (1937)

Ich habe zu Hause ein blaues Klavier
Und kenne doch keine Note.

Es steht im Dunkel der Kellertür,
Seitdem die Welt verrohte.

Es spielten Sternenhände vier –
Die Mondfrau sang im Boote.
– Nun tanzen die Ratten im Geklirr.

Zerbrochen ist die Klaviatur.
Ich beweine die blaue Tote.

Ach liebe Engel öffnet mir
– Ich aß vom bitteren Brote –
Mir lebend schon die Himmelstür,
Auch wider dem Verbote.

1 Die jüdische Dichterin Else Lasker-Schüler ging 1932 wegen der nationalsozialistischen Herrschaft ins Exil

Das Gedicht *Mein blaues Klavier* verwendet kein eindeutiges konventionelles Symbol | mit den „Ratten“ (V. 7) ein eindeutiges, konventionelles Symbol. Symbolisch aufgeladen wird der Gegenstand des Klaviers: Neben seiner konkreten | abstrakten Bedeutung als Instrument, das das lyrische Ich früher besessen hat, verweist es auf die glückliche Vergangenheit | heitere Gegenwart, die angesichts der Verrohung der Welt (vgl. V. 4) nun verloren ist. Berücksichtigt man den historisch-biografischen Kontext, wird klar, dass hiermit die Gewaltherrschaft der Nationalsozialisten gemeint ist. Die Farbsymbolik relativiert | unterstreicht die positive Bedeutung des Klaviers: Blau steht unter anderem für Harmonie, Sehnsucht und Ausgeglichenheit. Der Verlust der glücklichen Vergangenheit wiegt für das lyrische Ich so schwer, dass es sich die früheren Zeiten zurückwünscht | den vorzeitigen Tod wünscht, wie die letzte Strophe des Gedichts andeutet.

Weitere Tropen sind die Hyperbel und die Synästhesie.

WISSEN

- **Hyperbel:** Hierbei handelt es sich um eine Stilfigur der Übertreibung. Die eigentlich gemeinte Reichweite (z. B. Größe, Anzahl oder Dauer) eines Begriffs oder einer Wendung wird deutlich übersteigert (z. B.: *meine ewige Liebe zu dir*; *Hundert Träume plagten mich in der Nacht*).
- **Synästhesie:** Es werden Sinnesebenen miteinander vermischt, beispielsweise der Hörsinn mit dem Sehsinn (*bunte Geräusche* statt *viele verschiedene Geräusche*). Oft ist die Synästhesie mit einer Metapher verbunden, da es sich meist um eine Übertragung aus einem anderen Sinnesbereich handelt.

BEISPIEL

Friedrich Schiller
Das Lied von der Glocke (ersch. 1799, Auszug)

Tausend fleißge Hände regen,
helfen sich in munterm Bund,
Und in feurigem Bewegen
Werden alle Kräfte kund.
Meister rührt sich und Geselle
In der Freiheit heilgem Schutz.
Jeder freut sich seiner Stelle,
Bietet dem Verächter Trutz.
Arbeit ist des Bürgers Zierde,
Segen ist der Mühe Preis,
Ehrt den König seine Würde,
Ehret *uns* der Hände Fleiß.

In dieser bekannten Schiller-Ballade, die einen Glockenguss schildert, findet sich eine Hyperbel: Mit dem Wort „Tausend" im ersten Vers wird die Schaffenskraft der Menschen, die an dem Bau der Glocke beteiligt sind, hervorgehoben.

Das Stilmittel setzt Schiller ein, um die außergewöhnliche Gemeinschaft derjenigen, die die Glocke gießen, zu unterstreichen.

Eduard Mörike
Er ist's (1828)

Frühling lässt sein blaues Band
Wieder flattern durch die Lüfte;
Süße, wohlbekannte Düfte
Streifen ahnungsvoll das Land.
Veilchen träumen schon,
Wollen balde kommen.
— Horch, von fern ein leiser Harfenton!
Frühling, ja du bist's!
Dich hab' ich vernommen!

Die Verbindung des Adjektivs „[s]üße" mit dem Substantiv „Düfte" stellt eine Synästhesie dar, weil hier der Geschmackssinn mit dem Geruchssinn kombiniert wird. Mit dem Stilmittel betont Mörike, wie das lyrische Ich auf mehreren Sinnesebenen vom Frühling angesprochen wird.

31 Tragen Sie in die Lücken der folgenden Verse Wörter bzw. Wendungen ein, die dem nebenstehenden Stilmittel entsprechen.

Hyperbel

Jeder Tag ist mir ______________________________,
Keine Sorgen plagen mich.

Synästhesie

Die ____________________ Stimmen aus der Nacht,
am Tage sie verbergen sich.

32 Unterstreichen Sie im folgenden Gedicht alle Synästhesien und deuten Sie diese in ihrer Funktion für das Gedicht.

Clemens Brentano
Abendständchen (1802)

Hör', es klagt die Flöte wieder,
Und die kühlen Brunnen rauschen.
Golden weh'n die Töne nieder,
Stille, stille, laß uns lauschen!

Holdes Bitten, mild Verlangen,
Wie es süß zum Herzen spricht!
Durch die Nacht, die mich umfangen,
Blickt zu mir der Töne Licht!

6 Satzbau und Satzarten

Wie bei der Analyse von epischen und dramatischen Texten lohnt sich auch bei der Gedichtinterpretation die Untersuchung des Satzbaus und der Satzarten. Sie können den Stil eines Gedichts noch mehr prägen als Stilfiguren, denn während diese häufig nicht in großer Zahl auftreten, sondern an bestimmten Stellen gezielt eingesetzt werden, ziehen sich syntaktische Charakteristika oft durch ein ganzes Gedicht. Dabei kann auch ein Wechsel im Satzbau und in den Satzarten aussagekräftig sein – beispielsweise wenn im ersten Teil Fragen gestellt werden, die dann im zweiten Teil beantwortet werden.

WISSEN

Beim Satzbau lassen sich die Hypotaxe und die Parataxe unterscheiden:

- **Parataxe:** Hier liegt ein nebenordnender Satzbau vor, bei dem Hauptsätze aneinandergereiht werden, z. B.:
  Die Zeit vergeht, / Das Gras verwelkt, / Die Milch entsteht, / Die Kuhmagd melkt. (J. Ringelnatz)
- **Hypotaxe:** Hierbei handelt es sich um einen unterordnenden Satzbau mit Haupt- und Nebensätzen:
  Alldieweil Lieb bei Lieb ist, / weiß Lieb nicht wie lieb Lieb ist; / wenn aber Lieb von Lieb scheidet, / weiß lieb Lieb wohl, / was lieb Lieb war. (R. M. Rilke)

Folgende Satzarten gibt es:

- **Aussagesatz:** Der Aussagesatz ist die häufigste Satzart. Mit ihm wird z. B. ein Vorgang beschrieben: *Die Zeit schreitet voran.*
- **Fragesatz:** Mit Fragesätzen werden Fragen formuliert – z. B.: *Schreitet die Zeit voran*? Bei solchen Entscheidungsfragen steht das Prädikat an der ersten Stelle, bei sogenannten Ergänzungsfragen (z. B.: *Wie schnell schreitet die Zeit voran*?) steht es an zweiter Stelle.
- **Aufforderungssatz:** Mit dem Aufforderungssatz spricht der Sprecher eine Aufforderung, eine Bitte oder auch einen Befehl aus – z. B.: *Schreite voran, liebe Zeit*!
- **Ausrufesatz:** Mit dieser Satzart wird Verwunderung oder auch Begeisterung zum Ausdruck gebracht – *Ist das aber schon spät*! Ein Ausrufesatz endet mit einem Ausrufezeichen.
- **Wunschsatz:** Hiermit werden Wünsche formuliert. Man unterscheidet Wunschsätze, die im Konjunktiv I stehen (*Die Zeit schreite voran.*), und irreale Wunschsätze, die im Konjunktiv II stehen (*Schritte die Zeit doch voran.* Oder *Wenn doch die Zeit voranschritte.*).

TIPP 

Wenn ein Gedicht hauptsächlich von **Hauptsätzen** geprägt ist, aber auch einen oder nur wenige Nebensätze aufweist, dann kann man dennoch von einem weitgehend parataktischen Stil sprechen.

BEISPIEL

Hugo von Hofmannsthal
Frage (1890, Auszug)

Merkst du denn nicht, wie meine Lippen beben?
Kannst du nicht lesen diese bleichen Züge,
Nicht fühlen, daß mein Lächeln Qual und Lüge,
Wenn meine Blicke forschend dich umschweben?

Sehnst du dich nicht nach einem Hauch von Leben,
Nach einem heißen Arm, dich fortzutragen
Aus diesem Sumpf von öden, leeren Tagen,
Um den die bleichen, irren Lichter weben?

Fünf Nebensätze (V. 1: „wie … beben"; V. 3: „daß … Lüge"; V. 4: „Wenn … umschweben"; V. 6 f.: „dich fortzutragen … Tagen; V. 8: „um den … weben?"), die zum Teil auch noch voneinander abhängig sind (z. B. Nebensatz 3 von Nebensatz 2), zeugen von dem eher hypotaktischen Satzbau dieses Gedichtanfangs. Er passt zu seinem reflexiven Charakter, der sich auch in den Fragesätzen zeigt.

33 Markieren Sie die Nebensätze in folgendem Gedicht und entscheiden Sie, ob es sich eher um einen hypotaktischen oder parataktischen Satzbau handelt. Schreiben Sie neben die Sätze des Gedichts die entsprechenden Satzarten. Formulieren Sie abschließend eine kurze Deutung zu Gwerders Verwendung der Satzarten.

Alexander Xaver Gwerder
Ich geh unter lauter Schatten (1952)

Was ist denn das für eine Zeit –
Die Wälder sind voll von Traumgetier.
Wenn ich nur wüsste, wer immer so schreit.
Weiss nicht einmal, ob es regnet oder schneit,
ob du erfrierst auf dem Weg zu mir –

Die Wälder sind voll von Traumgetier,
ich geh unter lauter Schatten –
Es sind Netze gespannt von dir zu mir,
und was sich drin fängt, ist nicht von hier,
ist, was wir längst vergessen hatten.

Wenn ich nur wüsste, wer immer so schreit?
Ich sucht' ihm ein wenig zu geben
von jenem stillen Trunk zu zweit,
voll Taumel und voll von Seligkeit
würd' ich den Becher ihm heben –

Weiss nicht einmal, ob es schneit oder regnet …
Sah die Sterne nicht mehr, seit ich dich verliess;
kenn den Weg nicht mehr, den du mir gesegnet
und zweifle sogar, ob du mir begegnet –
Wer war denn das, der mich gehen hiess?

Aber, du findest doch her zu mir – ?
Sieh, es wird Zeit, dass ich ende.
Die Wälder sind voll von Traumgetier
und ich darunter, bin nicht von hier …
Ich gäb alles, wenn ich dich fände!

7 Wortwahl

Die Wortwahl in einem Gedicht haben Sie in der Regel schon zum Teil analysiert, wenn Sie rhetorische Mittel wie z. B. Metaphern betrachtet haben. Doch lässt sich die Wortwahl auch eigenständig untersuchen. So kann die gehäufte Verwendung bestimmter Wortarten für den Inhalt eines Gedichts bedeutsam sein.

WISSEN

- **Substantive:** Kaum ein Gedicht kommt ohne Substantive aus. Treten diese jedoch gehäuft auf, so zeigt dies oft an, dass etwas beschrieben wird.
- **Verben:** Ist ein Gedicht von vielen Verben geprägt, erzeugt dies häufig Dynamik.
- **Adjektive:** Adjektive präzisieren oft Beschreibungen oder schmücken sie anschaulich aus.

Die lyriktypische Abweichung vom Standardsprachgebrauch wird zudem in der Verwendung unbekannter Wörter und Wortverbindungen besonders deutlich.

- Ein **Neologismus** ist eine Wortneuschöpfung. Diese kann durch die ungewöhnliche Verbindung zweier oder mehrerer Wörter (z. B.: *flügelsanft*) oder durch das Verändern der Wortart (z. B.: *fensteriges Haus*) entstehen. Auch Fantasiewörter gehören hierzu, oft verbunden mit einer Lautmalerei: Das Wort *simsen* war ein Neologismus, als SMS-Nachrichten sich langsam etabliert haben.

BEISPIEL

Christine Nöstlinger
Auszählreime (1992)

Einer ist reich
und einer ist arm,
einer erfriert
und einer hat’s warm.

Einer stiehlt
und einer kauft,
einer schwimmt oben
und einer ersauft.

Einer springt
und einer hinkt,
einer fährt weg
und einer winkt.

Einer stinkt
und einer duftet,
einer ist faul
und einer schuftet.

Einer hat Hunger
und einer hat Brot,
einer lebt noch
und einer ist tot.

Einer hat's lustig
und einer hat Sorgen,
einer kann schenken
und einer muss borgen.

Zu den einen zählst du,
zu den andern zähl ich,
ich hab's lustig und warm,
also pfeif ich auf dich!

Ich bin lebendig
und faul und reich,
ob du schon tot bist,
ist mir doch ganz gleich!

In diesem Gedicht gibt es wenige Substantive, dafür umso mehr Verben und Adjektive. Diese charakterisieren die Bessergestellten und die Schlechtergestellten der Gesellschaft. Auf diese Weise wird der Unterschied zwischen den beiden gesellschaftlichen Gruppen aufgefächert.

Auffällig ist die Verwendung des immer gleichen Indefinitpronomens „Einer"/„einer", mit dem die einzelnen „Vertreter" der beiden Gruppen bezeichnet werden. Erst am Ende treten an dessen Stelle die beiden Personalpronomen „ich" und „du" (vgl. V. 25–32). Damit wird der Blick auf zwei konkrete Akteure gerichtet.

34 Untersuchen Sie, ob es in den einzelnen Strophen Unterschiede in der Verwendung der Wortarten gibt und wie dies zum Inhalt der Strophen passt. Finden Sie außerdem Neologismen und beschreiben Sie deren Wirkung.

Johann Wolfgang von Goethe
Der Fischer (1779)

Das Wasser rauscht', das Wasser schwoll,
Ein Fischer saß daran,
Sah nach dem Angel ruhevoll,
Kühl bis ans Herz hinan.
Und wie er sitzt und wie er lauscht,
Teilt sich die Flut empor;
Aus dem bewegten Wasser rauscht
Ein feuchtes Weib hervor.

Sie sang zu ihm, sie sprach zu ihm:
„Was lockst du meine Brut
Mit Menschenwitz und Menschenlist
Hinauf in Todesglut?
Ach wüßtest du, wie's Fischlein ist
So wohlig auf dem Grund,
Du stiegst herunter, wie du bist,
Und würdest erst gesund.

Labt sich die liebe Sonne nicht,
Der Mond sich nicht im Meer?
Kehrt wellenatmend ihr Gesicht
Nicht doppelt schöner her?
Lockt dich der tiefe Himmel nicht,
Das feuchtverklärte Blau?
Lockt dich dein eigen Angesicht
Nicht her in ew'gen Tau?"

Das Wasser rauscht', das Wasser schwoll,
Netzt' ihm den nackten Fuß;
Sein Herz wuchs ihm so sehnsuchtsvoll,
Wie bei der Liebsten Gruß.
Sie sprach zu ihm, sie sang zu ihm;
Da war's um ihn geschehn:
Halb zog sie ihn, halb sank er hin,
Und ward nicht mehr gesehn.

Welche Funktion die Häufung bestimmter Wortarten hat, muss immer individuell am Gedicht geprüft werden – hier kann man keine allgemeinen Aussagen machen. Übrigens: Andere Wortarten wie z. B. Konjunktionen, Artikel oder Adverbien treten eher selten gehäuft auf. Wenn dies dennoch einmal der Fall ist, dann sollte man es auch näher untersuchen.

35 Markieren Sie in den folgenden Gedichtauszügen die Neologismen und gehen Sie knapp auf deren Bedeutung ein.

Friedrich Nietzsche
Die Krähen schrei'n (1887, Auszug)

Die Krähen schrei'n
Und ziehen schwirren Flugs zur Stadt:
Bald wird es schnei'n –
Wohl dem, der jetzt noch – Heimat hat!

Ernst Jandl
lichtung (1966)

manche meinen
lechts und rinks
kann man nicht velwechsern
werch ein illtum

Test 3

Oskar Loerke
Webstuhl (1911)

Den Berg hinab durch grauen Wald,
Durch lendenhohe graue Steine.
Die Fichten ankern, Lein um Leine,
Straff, dunkel, kalt.

Verankern Schwarzgewirr und Licht,
Zerren Himmel und Erde zusammen,
Daß Sonne und Stein sich stoßen und schrammen,
Gedicht und Gewicht.

Mich trägt und stößt und hemmt eine Scheu,
Ich laufe wie eine kleine Spule
Im schwarzen Tannenwebestuhle:
Er webt mich neu.

Aufgabe **Untersuchen Sie umfassend die sprachliche Gestaltung des Gedichts „Webstuhl".**

Gehen Sie dabei Schritt für Schritt vor:

___ von 6

1 Untersuchen Sie das Gedicht hinsichtlich der Verwendung von Figuren der Wortwiederholung, der Wortverbindung, der Satzstellung und der Worteinsparung. Bestimmen Sie jeweils die Funktion und Wirkung dieser Stilmittel für das Gedicht.

___ von 3

2 Kommen in dem Gedicht Klangfiguren zum Einsatz? Und wenn ja, welche Wirkung haben sie?

___ von 1

3 Notieren Sie stichpunktartig die eingesetzten Sinn- bzw. Gedankenfiguren des Gedichts. Deuten Sie diese jeweils kurz.

___ von 5

4 Untersuchen Sie das Gedicht im Hinblick auf Tropen. Notieren Sie jeweils die Funktion des Stilmittels.

5 Analysieren Sie die Satzarten und den Satzbau des Gedichts. Welche Funktion kommt ihnen in diesem Text zu? ___ von 5

6 Untersuchen Sie die Wortwahl in diesem Gedicht und verfassen Sie hierzu eine knappe Deutung. ___ von 5

Bewertungsvorschlag:

Note 1	Note 2	Note 3	Note 4	Note 5	Note 6
25–19 P.	18–15 P.	14–10 P.	9–7 P.	6–4 P.	unter 4 P.

Schritt 4: Interpretation

Wenn Sie die inhaltliche, formale und sprachliche Ebene des Gedichts untersucht haben, sind Sie mit der „analytischen Vorarbeit“ fertig. Nun geht es darum, die Einzelergebnisse so zusammenzuführen, dass eine in sich schlüssige Interpretation des Gedichts möglich wird. In der Regel gewinnen Sie schon während der Vorarbeiten einen Eindruck davon, in welche Richtung Ihre Textdeutung gehen wird. Darauf aufbauend sollten Sie nun kurz innehalten und überlegen, wie Sie das Gedicht als Ganzes verstehen und wie Sie Ihren Interpretationsaufsatz aufbauen möchten:

1 Interpretationshypothese

In einem ersten Schritt ist es ratsam, dass Sie eine Interpretationshypothese formulieren, in der Sie Ihre Deutung des Gedichts festhalten. Sie dient Ihnen beim Verfassen der Gliederung und des Aufsatzes als Orientierungspunkt und hilft demnach, stets das Ziel der Interpretation im Auge zu haben.

WISSEN

Beim Formulieren einer Interpretationshypothese geht es darum, das Gesamtverständnis des Gedichts zu erfassen. Es genügt folglich nicht, den Inhalt wiederzugeben oder einen einzelnen Deutungsaspekt zu nennen.

Die folgenden Formulierungsbeispiele beziehen sich auf Rainer Maria Rilkes Gedicht *Ich fürchte mich so vor der Menschen Wort* (siehe S. 59).

BEISPIEL

In Rainer Maria Rilkes *Ich fürchte mich so vor der Menschen Wort* beschreibt ein lyrisches Ich seine Angst vor der Welt. →	**Dies ist keine Interpretationshypothese** zu Rilkes Gedicht, da der Satz zu sehr an der Oberfläche des Gedichts bleibt und nur einen Teilaspekt erfasst. Der zentrale Aspekt der Sprachkritik bleibt unberücksichtigt.
Rainer Maria Rilke greift in *Ich fürchte mich so vor der Menschen Wort* auf viele Alliterationen zurück, um seine Sprachkritik auszudrücken. →	**Dies ist keine Interpretationshypothese** zu Rilkes Gedicht, da der Satz auf ein nebensächliches Detail (Alliterationen) eingeht, das erst in der genaueren Analyse zu betrachten wäre.
Rainer Maria Rilkes *Ich fürchte mich so vor der Menschen Wort* ist aus der Ich-Perspektive geschrieben und legt nahe, dass Rilke hier von sich selbst spricht. →	**Auch dies ist keine Interpretationshypothese** zu Rilkes Gedicht, da der Satz wenig über das Gedicht verrät, sondern mit der biografischen Deutung des Textes nur eine mögliche weiterführende Lesart anreißt.
Rainer Maria Rilkes *Ich fürchte mich so vor der Menschen Wort* formuliert eine Kritik an einem die Dinge benennenden Sprechen und befürwortet ein weniger zudringliches Verhältnis zu den Dingen, das es erlaubt, die Welt in ihrer Schönheit und Musikalität wahrzunehmen. →	**Dies ist eine mögliche Interpretationshypothese** zu Rilkes Gedicht, da sie nicht einfach nur den Inhalt beschreibt oder sich auf einen Teilaspekt bezieht, sondern eine übergreifende Sprechabsicht erschließt. Damit ist sozusagen der Kern des Gedichts getroffen.

36 Kreuzen Sie an, bei welchem der folgenden Sätze es sich um eine Interpretationshypothese handelt.

- ☐ Heyms Gedicht beschreibt eine Stadt mit ihren Häusern und Straßen.
- ☐ Heyms Gedicht entwirft die Stadt als Seelenlandschaft des modernen Menschen.
- ☐ Heyms Gedicht verwendet viele sprachliche Mittel und hat die Form eines Sonetts.
- ☐ In Heyms Gedicht steht ein lyrisches Ich im Mittelpunkt, das eine Stadt wahrnimmt.

37 Formulieren Sie eine Interpretationshypothese zu Droste-Hülshoffs Gedicht *An meine Mutter* (siehe S. 68).

Gedichte literaturhistorisch einordnen

In manchen Klausuren ist ausdrücklich verlangt, das Gedicht literaturgeschichtlich zu verorten. Allgemein gehört es durchaus zu den Kompetenzen in der Oberstufe, einen literarischen Text hinsichtlich der Zugehörigkeit zu einer bestimmten Epoche zu überprüfen. Auch wenn dies nicht explizit in der Aufgabenstellung gefordert ist, so können Sie mit einer solchen Einordnung doch zeigen, dass Sie fähig sind, Texte in ihrem historischen Zusammenhang zu betrachten, und so gegebenenfalls Extrapunkte sammeln.

WISSEN

Häufige Formen des literaturgeschichtlichen Bezugs:

- **inhaltliche Bezüge**, z. B. die Verwendung epochentypischer Themen wie des Themas Großstadt im Expressionismus (ca. 1905–1925)
- **formale Bezüge**, z. B. die Verwendung einer in der Epoche häufig genutzten Gedichtform wie des Volkslieds in der Romantik (ca. 1795–1840)
- **sprachliche Bezüge**, z. B. das Nutzen von in der Epoche beliebten Stilmitteln wie der Antithese im Barock (ca. 1600–1720)

Zum Erschließen literaturhistorischer Bezüge gehört übrigens auch das Erkennen und Erläutern von Abweichungen. Wenn Dichtungen sich von epochentypischen Themen und Formen abgrenzen, kann dies für die Deutung wichtig sein.

„Epochen-Schubladen" helfen dabei, die Literaturgeschichte zu systematisieren. Allerdings stellen sie in der Regel nachträgliche Konstruktionen der Literaturwissenschaft dar. Nicht jeder Autor und nicht jedes Werk lassen sich eindeutig in eine Schublade einordnen.

BEISPIEL

Joseph von Eichendorff
Ich geh durch die dunklen Gassen (ersch. 1841)

1 Ich geh durch die dunklen Gassen
Und wandre von Haus zu Haus,
Ich kann mich noch immer nicht fassen,
Sieht alles so trübe aus.

Da gehen viel Männer und Frauen,
Die alle so lustig sehn,
Die fahren und lachen und bauen,
Daß mir die Sinne vergehn.

Oft wenn ich bläuliche Streifen
Seh über die Dächer fliehn,
Sonnenschein draußen schweifen,
Wolken am Himmel ziehn:

Da treten mitten im Scherze
Die Tränen ins Auge mir,
Denn die mich lieben von Herzen
Sind alle so weit von hier.

Das lyrische Ich in diesem Eichendorff-Gedicht befindet sich offenbar fern der Heimat und fühlt sich fremd an dem Ort, an dem es durch die Gassen streift. Am Ende wird deutlich, dass es sich nach seinen Lieben zurücksehnt. Insofern nimmt das Gedicht das für die Romantik typische Motiv der Sehnsucht auf – allerdings variiert es dieses auch. Denn in der Regel wird das Motiv als Sehnsucht nach dem Fremden und Unbekannten ausgestaltet, hier jedoch verlangt es das lyrische Ich nach dem Vertrauten: den geliebten Menschen von zu Hause. ■

38 Das folgende Gedicht ist dem Expressionismus zuzuordnen. Prüfen Sie es im Hinblick auf typische Merkmale dieser Literaturepoche. Falls Ihnen diese nicht geläufig sind, informieren Sie sich im Internet darüber.

Paul Zech
Fabrikstraße Tags (1911)

Nichts als Mauern. Ohne Gras und Glas
zieht die Straße den gescheckten Gurt
der Fassaden. Keine Bahnspur surrt.
Immer glänzt das Pflaster wassernass.

Streift ein Mensch dich, trifft sein Blick dich kalt
bis ins Mark; die harten Schritte haun
Feuer aus dem turmhoch steilen Zaun,
noch sein kurzer Atem wolkt geballt.

Keine Zuchthauszelle klemmt
so in Eis das Denken wie dies Gehn
zwischen Mauern, die nur sich besehn.

Trägst Du Purpur oder Büßerhemd –:
immer drückt mit riesigem Gewicht
Gottes Bannfluch: uhrenlose Schicht.

2 Aufbau des Aufsatzes

Die Planung Ihres Aufsatzes ist deshalb wichtig, weil ein schlüssiger und klarer Aufbau dem Leser hilft, sich besser in Ihrem Text zurechtzufinden. Nicht ohne Grund gehört der Aufbau in der Regel zu den Kriterien, die zur Bewertung des Aufsatzes herangezogen werden.

Bevor Sie mit der Gliederung beginnen, gilt es, sich für eine der beiden grundlegenden Formen zu entscheiden: die lineare oder die aspektorientierte Interpretation.

WISSEN

- **Lineare Interpretation:** Hierbei folgt der Aufbau des Aufsatzes dem Aufbau des Gedichts. Sie durchschreiten das Gedicht vom Beginn bis zum Ende. Diese Form fällt oftmals leichter, da der Aufbau größtenteils durch das Gedicht vorgegeben ist und man weniger Gefahr läuft, Aspekte zu vergessen. Außerdem kann man einzelne Beobachtungen dabei sehr gut in ihrer Funktion für das Gedicht untersuchen. Vor allem wenn Sie sich in der Gedichtinterpretation noch nicht sicher fühlen, ist die lineare Analyse empfehlenswert. Zudem bietet sie sich bei Gedichten an, in denen eine Entwicklung, ein Vorgang, vielleicht sogar eine Handlung geschildert wird oder in denen es klar voneinander abgrenzbare Sinnabschnitte gibt.
- **Aspektorientierte Interpretation:** Bei dieser Aufsatzform untersuchen Sie nacheinander verschiedene Aspekte eines Gedichts. Hierzu zählt z. B. die sprachliche Gestaltung, die Beziehung zwischen dem lyrischen Ich und dem Adressaten oder die Ausgestaltung eines bestimmten Themas. Sie müssen sich also sehr genau Gedanken darüber machen, welche Aspekte Sie in welcher Reihenfolge aufnehmen wollen. Es handelt sich daher um die anspruchsvollere Form eines Interpretationsaufsatzes. Sie bietet sich eher bei Gedichten an, in denen es keine Entwicklung gibt, wie z. B. häufig in Stimmungsgedichten. In manchen Aufgabenstellungen werden zentrale Untersuchungsaspekte bereits vorgegeben. Dies hilft Ihnen bei der Auswahl der Aspekte für die Analyse.

TIPP 

Auch wenn Sie sich für die **lineare Analyse** entschieden haben, ist es oftmals ratsam, dem Durchgang durch das Gedicht die für den gesamten Text geltende **Formbetrachtung** (Metrum, Reimschema etc.) voranzustellen.

BEISPIEL

Joseph von Eichendorff
Bei einer Linde (1825)

Seh ich dich wieder, du geliebter Baum,
In dessen junge Triebe
Ich einst in jenes Frühlings schönstem Traum
Den Namen schnitt von meiner ersten Liebe?

Wie anders ist seitdem der Äste Bug,
Verwachsen und verschwunden
Im härtren Stamm der vielgeliebte Zug,
Wie ihre Liebe und die schönen Stunden!

Auch ich seitdem wuchs stille fort, wie du,
Und nichts an mir wollt weilen,
Doch meine Wunde wuchs – und wuchs nicht zu,
Und wird wohl niemals mehr hienieden heilen.

Bei diesem Gedicht bietet sich eine lineare Interpretation an, da die einzelnen Strophen jeweils verschiedene Schwerpunkte setzen, die sich gut nacheinander abhandeln lassen: In der ersten Strophe geht es um das Ich, das nach vielen Jahren zu einem Baum zurückkehrt, mit dem es seine erste Liebe verbindet. In der zweiten Strophe stehen die Veränderungen des Baums im Mittelpunkt und in der dritten Strophe die des Ichs.

Es ist aber auch eine aspektorientierte Interpretation möglich, bei der Sie etwa die Zeitstruktur, die Beziehung des Ichs zum Adressaten, die Beziehung zur Jugendliebe, die Verfassung(en) des lyrischen Ichs etc. nacheinander abhandeln.

39 Entscheiden Sie, welche Form der Interpretation Sie bei dem Gedicht *Herbstgefühl* (siehe S. 69) wählen würden. Begründen Sie Ihre Entscheidung.

3 Gliederung

In einer Gliederung halten Sie vorab fest, wie Sie Ihren Aufsatz aufbauen möchten. Vor allem bei der aspektorientierten Interpretation ist dies ein wichtiger Arbeitsschritt. Wählen Sie für Ihre Gliederung am besten auch die Befunde aus der geleisteten analytischen Vorarbeit aus, die in die Interpretation einbezogen werden sollen. Achten Sie bei der Auswahl der Teilaspekte darauf, dass Ihnen die Funktion des jeweiligen Textmerkmals klar ist. In Ihrem Aufsatz sollen Sie Textmerkmale grundsätzlich nicht einfach nur aufzählen, sondern diese stets für Ihre Deutung nutzbar machen.

In einer Klausursituation ist es aus Zeitgründen nicht immer ratsam, die Auswahl der Befunde ausführlich zu notieren. Beim Üben für die Klausur hilft Ihnen dieses Vorgehen jedoch dabei, den Überblick zu bewahren.

Falls in der Klausur eine Abgabe der Gliederung verlangt ist, dann sollten Sie sich im Hinblick auf deren formale Gestaltung nach den Vorgaben Ihrer Lehrkraft richten. Allgemein können Sie zwischen verschiedenen Varianten wählen, beispielsweise einer linear angelegten, nummerischen Gliederung, einer Tabelle oder auch einer Mindmap. In jedem Fall besteht der Aufsatz aus drei großen Abschnitten: 1. Einleitung, 2. Hauptteil (linear / aspektorientiert) und 3. Schluss.

40 Lesen Sie das folgende Gedicht mit den umgebenden Analyse-Notizen.

- **a** Verfassen Sie ausgehend von den vorgegebenen Befunden und Ihren Lektüreeindrücken eine Interpretationshypothese.
- **b** Erstellen Sie eine Gliederung für den Interpretationsaufsatz. Wählen Sie dafür entsprechende Befunde aus und entscheiden Sie sich für eine der beiden Formen der Gedichtinterpretation.

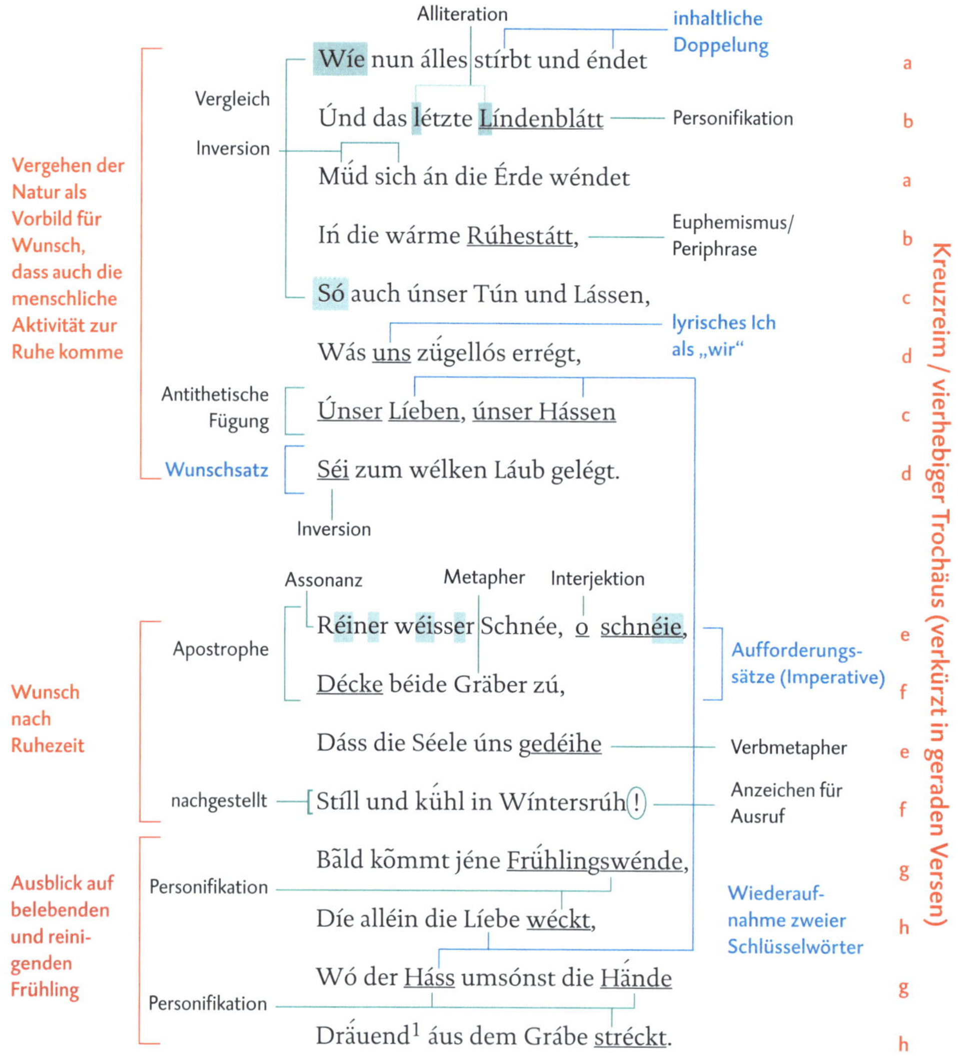

- gut verständlicher, leicht hypotaktischer Satzbau
- Wunschsatz, Aufforderungssatz, Aussagesatz
- teilweise gehobene Wortwahl: „Ruhestatt“/„gedeihe“/„Dräuend“
- keine Besonderheiten der Wortarten
- bildhafte Sprache

Test 4

Cyrus Atabay
Schutzfarben (ersch. 1974)

Da habe ich mich verstellt,
um meine Verfolger zu täuschen,

da habe ich mich totgestellt,
um dem Henker zu entkommen,

da habe ich mir die Gedanken
meiner Häscher[1] geborgt:

und doch war in all der Zeit
der Traum, den ich träumte, unversehrt,

in all der Zeit,
in der ich die Schäden litt,

so weit, daß ich mir selbst
unkenntlich wurde,

indes mein Traum
mich erkannte.

1 Häscher: Verfolger (mit amtlichem Auftrag

Untersuchen Sie Inhalt, Form und Sprache des Gedichts und bereiten Sie mit den folgenden Schritten das Verfassen eines Aufsatzes vor:

1. Stellen Sie eine Interpretationshypothese auf.
2. Entscheiden Sie sich für eine Form der Gedichtinterpretation (linear oder aspektorientiert) und begründen Sie Ihre Wahl.
3. Entwerfen Sie eine Gliederung für den Aufsatz.

Hinweis zur Selbstbewertung:
Da die Lösungen zu diesem Test sehr individuell ausfallen können, wird hier auf eine Notenskala verzichtet. Der Lösungsvorschlag im Anhang dient der Orientierung und gibt ein gutes Beispiel dafür, wie man einen Aufsatz vorbereiten kann.

Schritt 5: Schriftliche Ausarbeitung

Mit der Analyse und der Vorbereitung des Schreibprozesses haben Sie eine sehr wichtige Vorarbeit geleistet, deren Früchte es jetzt zu ernten gilt. Das Verfassen des Aufsatzes ist deshalb ein zentraler Schritt, weil Ihre Lehrkraft in der Regel nur den fertigen Aufsatz bewertet, nicht aber Ihre Notizen. Die sprachliche Ausgestaltung Ihrer zuvor erarbeiteten Ergebnisse im Aufsatz spielt für die Bewertung eine große Rolle. Machen Sie sich also bewusst, dass Sie Ihre analytischen Befunde dem Leser gut nachvollziehbar präsentieren müssen. Springen Sie nicht übergangslos zwischen Gedanken hin und her, sondern führen Sie den Leser durch Ihren Text. Hierzu zählen ein interessanter Einleitungsgedanke, ein übersichtlich gegliederter Hauptteil mit passenden Überleitungen und Verknüpfungen ebenso wie ein Schluss, der Ihre Deutungsarbeit abrundet.

Beachten Sie bei der schriftlichen Ausarbeitung folgende Schritte:

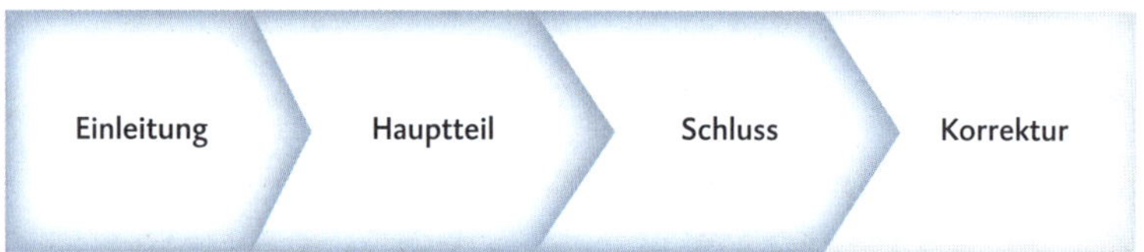

1 Einleitung

WISSEN

Die Einleitung zu einer Gedichtinterpretation sollte die folgenden **Basisinformationen** enthalten: Autor, Gedichttitel, Textsorte und Entstehungs- bzw. Publikationsjahr (sofern bekannt). Darüber hinaus ist es sinnvoll, eine Interpretationshypothese zu formulieren, mit der Sie Ihr Verständnis des Gedichts vorab kundtun. Das gibt zum einen dem Leser Ihres Aufsatzes eine Orientierung für die weitere Lektüre, zum anderen legen Sie so die eigene Richtschnur für die nachfolgende Interpretation fest.

Manche Lehrkräfte verlangen neben den Basisinformationen und der Interpretationshypothese eine **Hinführung** zum Gedicht oder Thema des Textes. Diese kann biografisch, zeit- oder literaturgeschichtlich, aktualisierend oder auch textimmanent und vom ersten Leseeindruck ausgehend angelegt sein.

BEISPIEL

Der Titel von Joseph von Eichendorffs Gedicht *Bei einer Linde* [siehe S. 92] aus dem Jahr 1825 täuscht gleich doppelt:

Autor, Titel, Textsorte, Publikations- / Entstehungsjahr

Es ist nicht irgendeine Linde, um die es im Gedicht geht, sondern eine Linde mit einer großen Bedeutung für das lyrische Ich. Dieser Baum ist gleichzeitig nicht so zentral, wie man es beim Lesen des Titels erwartet.

Hinführung über ersten Leseeindruck

Das Wiedersehen des lyrischen Ichs mit der Linde ist nur der Ausgangspunkt für die erinnernde Reflexion über eine vergangene Jugendliebe, die Veränderungen des Ichs seitdem und über den nie enden wollenden Schmerz angesichts des Endes dieser Liebe.

Interpretationshypothese

Was auf den ersten Blick wie ein Naturgedicht aussieht, ist tatsächlich ein lyrischer Text über Liebe und Liebesschmerz. Die Natur dient dabei als Spiegel und Gegenbild für Vorgänge im Menschen.

... mit Bezug auf Genre der Natur- und Liebeslyrik

41 Lesen Sie nochmals Gottfried Kellers Gedicht *Erster Schnee* und vergegenwärtigen Sie sich die Untersuchungsergebnisse (siehe S. 94). Streichen Sie dann im folgenden Einleitungsbeispiel die Formulierungen durch, die nicht passen.

> Das Gedicht | Sonett | Textlein *Erster Schnee*, das hier in der Fassung von 1838 | 1883 | 1851 vorliegt, stammt aus dem Expressionismus | der Feder Gottfried Kellers | Gottfrieds Keller. Darin artikuliert das lyrische Ich seinen Wunsch nach einem reinigenden Neuanfang, indem es die erhoffte Erneuerung | Vergänglichkeit | Kreislaufhaftigkeit des menschlichen Handelns und Fühlens mit der sich im Herbst | am Tage | im Winter bzw. Frühling verwandelnden Natur parallelisiert.

2 Hauptteil

Eine präzise und variantenreiche Ausdrucksweise hilft Ihnen dabei, Ihre Untersuchungsergebnisse dem Leser adäquat zu präsentieren. Sprachgenauigkeit und ein abwechslungsreicher Stil lassen sich gut trainieren. Da es sich dabei um eine grundlegende Kompetenz handelt, die Sie in vielen anderen Fächern ebenso benötigen, wird hier nur knapp darauf eingegangen.

Textbelege

Um Ihren Aussagen über das Gedicht ein Fundament zu geben, ist es wichtig, immer wieder ausdrücklich den Bezug zum Text herzustellen. Das lässt sich auf zwei Arten bewerkstelligen.

WISSEN

- **Wörtlicher Verweis:** Beim direkten Zitat wird ein Teil des Originaltextes wörtlich wiedergegeben. Sie können entweder einen ganzen Satz / Vers zitieren oder einen Teil davon, den Sie in Ihren eigenen Satz einbinden. Verpflichtend sind die Verwendung von **Anführungszeichen** und die genaue **Versangabe** (meist in Klammern nachgestellt). Es ist außerdem wichtig, alle Veränderungen, die Sie am Originaltext vornehmen – z. B. um ein Zitat Ihrem Satzgefüge anzupassen –, zu dokumentieren. Verwenden Sie hierfür eckige Klammern, mit denen Sie hinzugefügte Buchstaben oder Wörter umschließen bzw. Auslassungen deutlich machen.
- **Sinngemäßer Verweis:** Hierbei geben Sie einen Inhalt nicht wortwörtlich wieder, sondern fassen ihn in eigenen Worten zusammen. Auch hier nennen Sie die Fundstelle. Um deutlich zu machen, dass es sich um einen sinngemäßen Verweis handelt, verwenden Sie dabei die Abkürzung „vgl." für „vergleiche".

Das Bild vom „[f]reundliche[n] Zauberhauch" (V. 12) unterstreicht dabei, wie positiv sich die kosmische Natur, konkret der „Mond" (V. 11), auf die vom lyrischen Ich in den Mittelpunkt gerückten Zwillingsbeeren auswirkt. (Goethe: *Herbstgefühl*)

42 Versehen Sie den folgenden Aufsatzausschnitt mit den richtigen Verweisen und korrigieren Sie falsche Zitate, indem Sie diese durchstreichen und in der Korrekturspalte richtig vermerken.

Heinrich Heine
Und bist du erst mein eh'lich Weib (1823/1824)

Und bist du erst mein eh'lich Weib,
dann bist du zu beneiden,
dann lebst du in lauter Zeitvertreib,
in lauter Pläsier und Freuden.

Und wenn du schiltst und wenn du tobst,
ich werd es geduldig leiden;
doch wenn du meine Verse nicht lobst,
lass ich mich von dir scheiden.

Aufsatz

Die zweite Strophe ist von Bedingungsgefügen geprägt. Die Konditionalsätze werden hier mit der Konjunktion „wenn" (______________) eingeleitet. Auch in der ersten Strophe ist eine Bedingung formuliert (______________), allerdings kann man das Satzgefüge auch temporal lesen: Das lyrische Ich blickt nach vorne und erläutert der angesprochenen Geliebten, wie gut sie als sein „eheliches Weib" (__________) leben werde. Die Pointe des Gedichts liegt darin, dass das lyrische Ich in der Ehe zwar alle Ausfälle der Geliebten zu dulden bereit ist (______________), aber es nicht auszuhalten meint, wenn sie seinen „Verse" (______________) kein Lob entgegenbringt.

Korrekturen

____
____
____
____
____
____
____
____
____
____
____
____

Sachlicher Stil und fachlich korrekter Ausdruck

Der Interpretationsaufsatz erfordert grundlegend einen **sachlichen Stil**. Ausfällige Bemerkungen oder Umgangssprache sind hier fehl am Platz.

Die Naturbeschreibung hat einfach keine Atmosphäre.

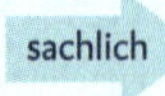

Die Naturbeschreibung wirkt wenig stimmungsvoll.

43 Formulieren Sie die folgenden Sätze so um, dass sie keine Umgangssprache mehr enthalten und sachlich sind.

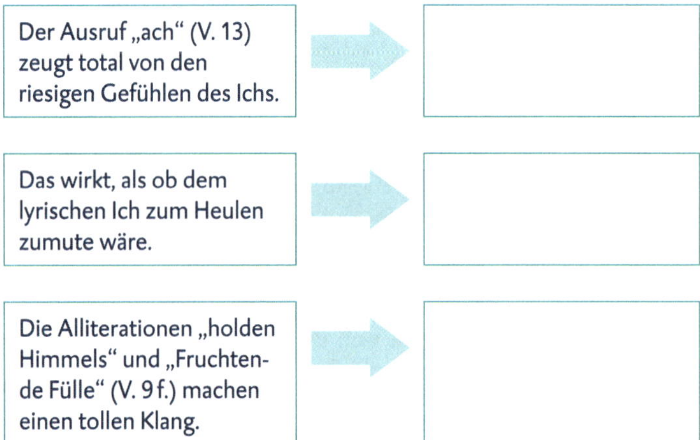

Indem Sie **Fachsprache** korrekt verwenden, zeigen Sie zum einen, dass Sie die genaue literaturwissenschaftliche Terminologie **kennen**, und zum anderen, dass Sie diese auch **anwenden** können.

BEISPIEL

Die beiden Worte fangen mit dem gleichen Buchstaben an. Dadurch wirken diese besonders zusammengehörig.

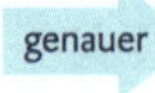

Diese Alliteration unterstreicht lautlich die Zusammengehörigkeit der beiden Begriffe.

44 Vervollständigen Sie den folgenden Interpretationstext zu Goethes Gedicht *Herbstgefühl* (S. 69), indem Sie die richtigen Fachbegriffe einsetzen.

Die ~~Zeilen~~ ______________ sind durch ~~ungewöhnliche Satzstellungen~~ ________________ geprägt. ~~Der Erzähler~~ __________ stellt nicht nur die ~~Wörter~~ ______________ „Euch"/„euch" (V. 7, 8, 11, 13) an die Satzanfänge, um ihre Bedeutung zu unterstreichen, auch ~~vorgezogene Attribute~~ ____________________________ finden sich: „der Mutter Sonne / Scheideblick" (V. 7 f.), „Des holden Himmels / Fruchtende Fülle" (V. 9 f.). Diese tragen zum gehobenen Stil des ~~Sonetts~~ _______________ bei.

Beim Ausformulieren einzelner Interpretationsteile ist ein abwechslungsreicher und präziser Stil wichtig.

Insbesondere die **Verbindung von Textbeleg und Interpretation** ist nicht immer ganz einfach – vor allem wenn Sie textnah arbeiten, ist es gelegentlich schwierig, sich nicht zu wiederholen. Die folgende Aufstellung geeigneter Verben und Wendungen zeigt Ihnen, auf welch vielfältige Art und Weise Sie die Deutung mit einer Textstelle verknüpfen können:
verdeutlichen, betonen, hervorheben, zeigen, verweisen auf, zeugen von, deuten, hindeuten auf, veranschaulichen, verraten, erzeugen, belegen, hinweisen, sich ergeben, verleihen, ausdrücken, zum Ausdruck kommen, anschaulich werden, sich erweisen als, vermitteln, stützen, unterstützen, verstärken, steigern, unterstreichen, intensivieren, prägen, lesen lassen als, interpretieren als, wirken etc.

Das Ziel Ihrer Interpretation eines Gedichts ist es zwar, Ihre Lesart plausibel zu machen – doch kann es vor allem bei schwierigen Textstellen sinnvoll sein, die Mehrdeutigkeit des Textes offensiv zu benennen und ggf. Deutungsalternativen vorzuschlagen. Sie zeigen damit, dass Sie um die **Mehrdeutigkeit von literarischen Texten** wissen und dass Sie damit umgehen können.

45 Verbessern Sie den folgenden Aufsatzausschnitt zu Joseph von Eichendorffs *Bei einer Linde* (siehe S. 92) in sprachlich-stilistischer Hinsicht. Achten Sie hierbei z. B. auf Wiederholungen, umgangssprachliche Wendungen und fehlende Fachbegriffe. Formulieren Sie entsprechend um.

> Die erste Strophe geht um erinnerte Zeit: Das lyrische Ich steht an einem „geliebte[n] Baum“ (V. 1) und erinnert sich. Es quatscht mit dem Baum, was klar macht, dass es sich um eine tolle Beziehung handelt. Der Baum wird direkt mit „dich“ und „du“ (V. 1) angesprochen.
> Die Verse 2 bis 4 stehen für die Erinnerung an den vergangenen Frühling, in dem das lyrische Ich seine erste Liebe hatte. Weil das lyrische Ich damals den Namen der Geliebten in die Rinde geritzt hat, muss es wirklich große Gefühle für sie gehabt haben. Es geht ja um dieses Verfahren von Liebenden, im Baum die Liebe festzuschreiben. Die Umstellung „jenes Frühlings“ vor „schönstem Traum“ (V. 3) lässt die guten Wörter „Frühling“, „schön“ und „Traum“ eng beieinander stehen. Das macht die Einmaligkeit dieses Frühlings klar. Das metaphorisch anzusehende Wort „Traum“ (V. 3) meint, dass das Erlebte der öden Wirklichkeit geradezu fremd gewesen ist. Das gesteigerte Adjektiv „schönstem“ (V. 3) macht ihn zusätzlich ganz schön besonders.

Erfassen – Beschreiben – Deuten

Die Operatoren (Arbeitsanweisungen) „Analysieren“ bzw. „Interpretieren“, die in Gedichtklausuren meist verwendet werden, verlangen in der Regel drei Leistungen. Diese zu kennen und sich bewusst zu machen, kann bei der Anlage eines Interpretationsaufsatzes hilfreich sein:

WISSEN

Das Interpretieren erfordert folgende Teilarbeitsschritte:
- **Texterfassung:** Erschließen des Inhalts *(Was wird dargestellt?)*
- **Textbeschreibung:** Darstellung der Textgestaltung *(Wie wird dargestellt?)*
- **Textdeutung:** Auslegung von Form, Sprache und Inhalt (*Welche Funktion, Bedeutung, Wirkung haben Inhalt und Gestaltung?*)

Am folgenden Beispiel zu Fontanes Gedicht *Mein Herze, glaubt's, ist nicht erkaltet* lässt sich dies verdeutlichen:

BEISPIEL

Theodor Fontane
Mein Herze, glaubt's, ist nicht erkaltet
(entst. 1849, veröff. 1851)

Mein Herze, glaubt's, ist nicht erkaltet,
Es glüht in ihm so heiß wie je,
Und was ihr drin für Winter haltet,
Ist Schein nur, ist gemalter Schnee.

Doch, was in alter Lieb' ich fühle,
Verschließ ich jetzt in tiefstem Sinn,
Und trag's nicht fürder in's Gewühle
Der ewig kalten Menschen hin.

Ich bin wie Wein der ausgegohren:
Er schäumt nicht länger hin und her,
Doch was nach Außen er verloren,
Hat er an innrem Feuer mehr.

Strophe 3 beschreibt vor allem einen ausgereiften Wein: Anstatt wie im Gährungsprozess zu schäumen, was sich von außen beobachten lässt, hat er einen intensiven, feurigen Geschmack.

Texterfassung: Zusammenfassung des Inhalts

Wie der Vergleich („Ich bin wie Wein", V. 9) am Strophenbeginn allerdings verdeutlicht, soll diese Beschreibung das Innenleben des lyrischen Ichs veranschaulichen:

Textbeschreibung: Nennung des zentralen sprachlichen Mittels des Vergleichs

Sie ist ein fast zur Allegorie ausgebautes Bild für dessen innere Leidenschaftlichkeit, die vom äußeren Anschein der Leidenschaftslosigkeit abgehoben wird.

Textdeutung: Deutung des Vergleichs

Texterfassung, Textbeschreibung und Textdeutung sind nicht immer klar voneinander zu trennen. Insbesondere die Textbeschreibung und die Textdeutung können gut miteinander in einem Satz verbunden werden. Vor allem bei Stilmitteln bietet es sich an, in einem Satz das Mittel zu benennen (Textbeschreibung) und dessen Wirkung bzw. Funktion (Textdeutung) zu bestimmen – z. B.: „Der Parallelismus [= Textbeschreibung] unterstreicht die inhaltliche Entsprechung der beiden Sätze [= Textdeutung]."

46 Ordnen Sie die folgenden Aussagen zu Paul Zechs Gedicht *Fabrikstraße Tags* den drei Interpretationsleistungen (1) Texterfassung, (2) Textbeschreibung und (3) Textdeutung zu. Falls auf eine Aussage zwei oder mehrere Leistungen zutreffen, setzen Sie mehrfach Kreuze.

Paul Zech
Fabrikstraße Tags (1911)

Nichts als Mauern. Ohne Gras und Glas
zieht die Straße den gescheckten Gurt
der Fassaden. Keine Bahnspur surrt.
Immer glänzt das Pflaster wassernass.

Streift ein Mensch dich, trifft sein Blick dich kalt
bis ins Mark; die harten Schritte haun
Feuer aus dem turmhoch steilen Zaun,
noch sein kurzer Atem wolkt geballt.

Keine Zuchthauszelle klemmt
so in Eis das Denken wie dies Gehn
zwischen Mauern, die nur sich besehn.

Trägst Du Purpur oder Büßerhemd –:
immer drückt mit riesigem Gewicht
Gottes Bannfluch: uhrenlose Schicht.

	1	2	3
■ In Strophe 2 beschreibt das lyrische Ich die wenig erbauliche Begegnung mit einem anderen Menschen.	☐	☐	☐
■ In der Wendung „Gras und Glas“ fallen Alliteration und Binnenreim zusammen. ...	☐	☐	☐
■ Das Bild des ins Eis geklemmten Denkens (vgl. V. 9 f.) unterstreicht die bedrängende Atmosphäre.	☐	☐	☐
■ In V. 12 werden vom Leben Begünstigte (vgl. „Purpur“) und weniger Begünstigte (vgl. „Büßerhemd“) einander gegenübergestellt, doch zeigt sich, dass dies für die Empfindungen der Menschen beim Gang durch die Straße keine Bedeutung hat (vgl. V. 13).	☐	☐	☐

- Das Gedicht beginnt mit einer Ellipse. ..... ☐ ☐ ☐
- Das Gedicht ist von einem Reihungsstil geprägt, der jedoch nicht mit dem für den Expressionismus typischen Zeilenstil einhergeht. .... ☐ ☐ ☐
- Die erste Strophe erfasst das äußere Erscheinungsbild der Fabrikstraße. .... ☐ ☐ ☐
- Die Formulierung „turmhoch steile[r] Zaun“ (V. 7) ist eine Hyperbel. .... ☐ ☐ ☐
- Das Gedicht vermittelt – und das ist typisch für den Expressionismus – am Beispiel einer Fabrikstraße ein düsteres Bild vom Leben in der Großstadt. .... ☐ ☐ ☐

3 Schluss

Den Schlussteil Ihres Aufsatzes können Sie dafür nutzen, Ihre Gedichtdeutung noch einmal präzise zusammenzufassen. Allerdings gibt es auch andere Möglichkeiten, den Interpretationstext zu einem gelungenen Ende zu bringen. So kann es beispielsweise sinnvoll sein, die Perspektive zu weiten, etwa um den Text in einen größeren Kontext zu stellen oder um zu einem Urteil über das Gedicht zu gelangen. Am Schluss sollte jedoch keine Textarbeit mehr erfolgen.

Im Folgenden sind einige Möglichkeiten für einen solchen Schlussteil aufgeführt.

WISSEN

Möglichkeiten für einen interessanten Schlussteil:
- Einordnung in den biografischen Kontext
- Einordnung in den historischen Kontext
- Einordnung in den literaturgeschichtlichen Kontext
- Verortung in der Gattungsgeschichte
- Aktualisierung im Hinblick auf heutige Fragen
- Bezug zu zeitlosen Themenkomplexen

Mit einem solchen Schluss können Sie demonstrieren, dass Sie über den Text hinausblicken können, und Ihre Reflexionsfähigkeit sowie die Fähigkeit zeigen, Zusammenhänge herzustellen.

TIPP

Lohnenswert ist es häufig, im Schlussteil an die Einleitung anzuknüpfen, etwa indem Sie dort aufgeworfene Fragen beantworten, eine Präzisierung Ihrer Interpretationshypothese vornehmen oder eine anfängliche Idee aufgreifen. Während der Hauptteil von persönlichen Urteilen, Wertungen oder Einschätzungen frei sein sollte, dürfen Sie solche am Schluss in der Regel einfließen lassen. Es ist allerdings ratsam, dies nicht ausufern zu lassen.

Das folgende Beispiel für einen Schlussteil bezieht sich auf Heinrich Heines Gedicht *Und bist du erst mein eh'lich Weib* (siehe S. 101).

Zusammenfassende Schlussfolgerung

Reflektierender Bezug auf Dichtungsverständnis der Romantik und auf Heines Stellung dazu

Abschließende prägnante Deutung

Heinrich Heines Gedicht *Und bist du erst mein eh'lich Weib* ist demnach nicht einfach nur ein Scherzgedicht über die Ehe. Vor allem weil das Gedicht von einem „entlaufenen Romantiker" (so verstand Heine sich selbst) stammt, darf der Leser es auch als Kritik an einer romantiktypischen Überhöhung des Dichtens begreifen. Denn im romantischen Verständnis macht bei einem Schriftsteller das Dichten die ganze Person aus; für den wahren Romantiker ist es keine nebensächliche Tätigkeit. So kann eine Verschmähung der Verse des Ehegatten durchaus als Trennungsgrund erscheinen, muss der eine solche Zurückweisung doch als Verschmähung seiner persönlichen, individuellen Existenz verstehen. Heines ironischer Blick auf den dichtenden Ehegatten entlarvt die romantische Überhöhung des Dichtens als Eitelkeit. ■

47 Wie gut sind die folgenden drei Beispiele für einen Schlussteil zu Fontanes Gedicht *Mein Herze, glaubt's, ist nicht erkaltet* (siehe S. 105) gelungen? Bewerten Sie die drei Varianten mit Schulnoten und begründen Sie Ihre Entscheidung knapp.

Variante 1:
Fontanes Gedicht ist ein gutes Beispiel für persönlich eingefärbte Gedankenlyrik. Es widerspricht in wenigen Versen der Unterstellung, dass man im Alter nicht mehr heiß und innig lieben könne. Die Liebesfähigkeit älterer Menschen wird verglichen mit einem gereiften Wein, der gerade durch sein Alter an Feuer gewinnt (vgl. Strophe 3). Der äußere Eindruck innerer Gefühlserkaltung täusche daher. Damit sagt das Gedicht auch grundsätzlich etwas über das Verhältnis von Anschein und Wirklichkeit aus – sie decken sich nicht immer.

Variante 2:
Im Unterschied zu Johann Wolfgang von Goethe, der im fortgeschrittenen Alter von vierundsiebzig Jahren in seinen *Marienbader Elegien* sehr persönlich die tiefen (Liebes-)Empfindungen eines Alternden bezeugte, verfasste Theodor Fontane sein Gedicht gerade einmal mit dreißig Jahren. Während man Goethes Gedichten durchaus eine große biografische Bedeutung beimessen darf, erscheint eine solche bei Fontane eher unwahrscheinlich. Deshalb kann der Leser dem Gedicht auch einen allgemeineren Geltungsanspruch attestieren. Hier scheint aus dem lyrischen Ich nicht das Erfahrungs-Ich des Autors, sondern die Einsicht des Autors zu sprechen, dass die Empfindung von Liebe und Leidenschaft auch im Alter noch möglich ist. Das kann einem durchaus ein wenig die Angst vor dem Altern nehmen.

Variante 3:
Das Gedicht Fontanes von 1851 ist ganz gut, weil es kurz ist. Außerdem vermittelt es ein Gefühl davon, wie sich ältere Menschen fühlen, die von einem geliebten Menschen, dem „ewig kalten Menschen“ (V. 8), enttäuscht worden sind.

4 Korrektur lesen

WISSEN

Beim Korrekturlesen Ihres Aufsatzes gilt es, die folgenden Punkte im Blick zu haben:

- sprachliche Angemessenheit
- sprachliche Korrektheit (Rechtschreibung, Grammatik etc.)
- sprachlicher Abwechslungsreichtum (Vermeidung von Wortwiederholungen und gegebenenfalls gleichen Satzstrukturen)
- Korrektheit der Zitate

TIPP 

Achten Sie auf die Dinge, die sich in der verfügbaren Zeit tatsächlich verbessern lassen. Eine Änderung der Interpretationshypothese ist z. B. nur dann noch ratsam, wenn diese auch zur Detailanalyse passt.

48 Korrigieren Sie den folgenden Interpretationstext zur dritten Strophe von Eichendorffs *Bei einer Linde* (siehe S. 92).

In der dritten Strophe vergleicht das lyrische ich die eigenen Veränderungen mit denen des Baumes um schließlich festzustellen, dass es großen Unterschied gibt: Während sich die Einritzungen im Baum verwachsen haben, ist der Liebeschmerz des Sprechers geblieben. Zu Beginn der Strophe paralelisiert das lyrische Ich die Veränderungen des Baums mit denen des lyrischen Ichs: Dies signalisiert schon das Adverb „auch“ (V. 9), mit dem die erste Strophe beginnt. Durch das Hyperbaton – das „seitdem“ (V. 9) müsste eigentlich auf das Prädikat folgen, wird die zeitliche Perspektive unterstrichen: Einige Zeit ist seit jenem schönen Früling vergangen. Die eigenen Veränderungen faßt das lyrische Ich im Verb „fortwachsen“ (V. 9), dass eher auf die Pflantzenwelt zu beziehen und insofern metaphorisch ist. Durch diese Wortwahl betont es die Parallelisierung zum Wachstum des Baumes, die im Anschluss durch den Vergleich „wie du“ (V. 7) ausdrücklich benannt wird.

Dass die Änderungen des Ichs ebenso gravierend sind wie beim Baum verdeutlicht der darauffolgende Vers, in dem mit dem Indefinitpronomen „nichts“ (V. 10) die Beständigkeit jedweder Merkmale ausgeschlossen wird. Das adversative „Doch“ (V. 11) zeigt allerdings an, dass nun eine andere Aussage folgt – von der Parallelisierung von Baum und Ich ist der Schmerz, den die Trenung von der Geliebte verursacht hat, ausgenommen, wie das Bild von der wachsenden und nicht zuwachsenden „Wunde“ (V. 11) veranschaulicht:
Im Unterschied zu den Einritzungen im im Stamm (auf ihre Art auch eine Wunde), die im Wechsel der Zeiten verschwunden sind, sind die „inneren“ Verletzungen geblieben. Die romantische Spiegelung von Natur und Mensch findet hier daher ihr Ende. Die Repetio „wuchs“ (V. 9–11) und die Verwendung des z. T. alliterativen W-Lauts („wuchs“, V. 9; „wollt weilen“, V. 10; „Wunde wuchs – […] wuchs“, V 11; „wird wohl“, V. 12) bindet die beiden Teile der Strophe aneinander und lässt den Kontrast von Paralellisierung (Teil 1) und Entgegensetzung (Teil 2) dadurch noch stärker hervortreten.

Test 5

Hugo von Hofmannsthal
Ballade des äußeren Lebens (ca. 1894)

Und Kinder wachsen auf mit tiefen Augen,
die von nichts wissen, wachsen auf und sterben,
und alle Menschen gehen ihre Wege.

Und süße Früchte werden aus den herben
und fallen nachts wie tote Vögel nieder
und liegen wenig Tage und verderben.

Und immer weht der Wind, und immer wieder
vernehmen wir und reden viele Worte
und spüren Lust und Müdigkeit der Glieder.

Und Straßen laufen durch das Gras, und Orte
sind da und dort, voll Fackeln, Bäumen, Teichen,
und drohende, und totenhaft verdorrte …

Wozu sind diese aufgebaut? Und gleichen
einander nie? Und sind unzählig viele?
Was wechselt Lachen, Weinen und Erbleichen?

Was frommt[1] das alles uns und diese Spiele,
die wir doch groß und ewig einsam sind
und wandernd nimmer suchen irgend Ziele?

Was frommt's, dergleichen viel gesehen haben?
Und dennoch sagt der viel, der „Abend“ sagt,
ein Wort, daraus Tiefsinn und Trauer rinnt

wie schwerer Honig aus den hohlen Waben.

1 *frommen: nützen, helfen*

Analysieren Sie das Gedicht und verfassen Sie einen vollständigen Interpretationsaufsatz (Einleitung, Hauptteil, Schluss).

Der Gedichtvergleich

Eine häufige Aufgabenform in der Oberstufe ist der Gedichtvergleich. Er stellt besonders dann eine Herausforderung dar, wenn die vollständige Interpretation von zwei Gedichten und darüber hinaus der Vergleich gefordert wird. In solchen Fällen ist es wichtig, sich die Zeit zum Analysieren und Schreiben besonders gut einzuteilen.

1 Erfassen der Aufgabenstellung

Die Aufgabenstellung beschränkt den Gedichtvergleich oftmals auf bestimmte Aspekte. Der erste Schritt beim Gedichtvergleich sollte deshalb die genaue Betrachtung der Aufgabenstellung sein. Der Operator „Vergleichen" fordert von Ihnen, **Gemeinsamkeiten**, **Ähnlichkeiten** und **Unterschiede** zwischen zwei oder mehreren Texten herauszustellen und entsprechend zu belegen.

49 Leiten Sie aus der folgenden Beispielaufgabe ab, was Sie alles erledigen müssen, um der Aufgabe gerecht zu werden.

> **Aufgabenstellung:**
> Interpretieren Sie die Gedichte *Vorfrühling* (1914) von Ernst Stadler und *Schneeglöckchen* (1839) von Joseph von Eichendorff. Vergleichen Sie sie anschließend im Hinblick auf die formale und sprachliche Gestaltung.

Es gibt auch Aufgaben, bei denen eine vollständige Analyse nur des ersten Gedichts verlangt wird, an die sich dann direkt der Vergleich anschließt. Das zweite Gedicht wird dann sozusagen nur noch zum Vergleich herangezogen. Bei solchen Aufgaben ist es dennoch unerlässlich, sich das zweite Gedicht genau zu erarbeiten – gegebenenfalls mit Fokus auf eventuell in der Aufgabe genannte Schwerpunkte.

Interpretieren Sie das Gedicht „Überall Liebe" von Karoline von Günderrode. Vergleichen Sie es anschließend mit dem Gedicht „Geheime Liebe" von Clemens Brentano im Hinblick darauf, wie das Liebesmotiv inhaltlich ausgestaltet ist.

Bei dieser Aufgabenstellung ist nur das Gedicht „Überall Liebe" vollständig zu analysieren. In Ihrem Aufsatz gehen Sie nach der Analyse direkt zum Vergleich über. Da Sie das Gedicht „Geheime Liebe" nicht zuvor im Aufsatz interpretiert haben, ist es nötig, die Befunde zum zweiten Gedicht im Zuge des Vergleichs mit Textzitaten oder -verweisen noch zu belegen – während Sie dies beim ersten Gedicht schon bei der Analyse gemacht haben. Ihre Überlegungen zum zweiten Gedicht dürfen im Vergleich insofern auch durchaus ausführlicher ausfallen.

Häufig ist der Vergleich zweier Texte auf den **Vergleich eines Motivs** beschränkt, das in beiden Gedichten vorkommt. Ein Motiv ist eigentlich ein „erzählerischer Baustein", der inhaltlich nicht konkret gefüllt ist, aber dennoch ein „inhaltliches, situationsmäßiges Element" (Elisabeth Frenzel) darstellt. Beispiele wären das Doppelgängermotiv oder das Motiv der Feindesliebe. Solche handlungsrelevanten Motive finden sich allerdings eher in der Epik und Dramatik. In der Lyrik hat es sich eingebürgert, auch in anderer Hinsicht von Motiven zu sprechen, wobei hier die Abgrenzung zum Begriff „Thema" nicht immer einfach ist. So wird in Bezug auf die romantische Lyrik häufig vom Sehnsuchtsmotiv und vom Mondmotiv gesprochen, bei der expressionistischen Lyrik vom Motiv der Großstadt.

WISSEN

Wenn die Aufgabenstellung einen **Motiv-Vergleich** fordert, dann ist in der Regel von Ihnen verlangt, dass Sie zwei Gedichte im Hinblick auf folgende Punkte prüfen:

- Welche Rolle spielt das Motiv im Gedicht?
- Mit welchen Gefühlen, Stimmungen, Reflexionen etc. wird es verbunden?
- Wie ist es inhaltlich und sprachlich ausgestaltet?
- Handelt es sich um ein epochentypisches Motiv bzw. wird es epochentypisch verwendet?

2 Gemeinsamkeiten und Unterschiede

Um nach den Textanalysen den Vergleich der Gedichte vorzubereiten, ist es hilfreich, eine Aufstellung zu deren Gemeinsamkeiten und Unterschieden zu machen. Hierfür bietet sich eine tabellarische Übersicht an.

BEISPIEL

Ingeborg Bachmann
Keine Delikatessen (entstanden wohl 1963)

Nichts mehr gefällt mir.

Soll ich
eine Metapher ausstaffieren
mit einer Mandelblüte?
Die Syntax kreuzigen
auf einen Lichteffekt?
Wer wird sich den Schädel zerbrechen
über so überflüssige Dinge –

Ich habe ein Einsehen gelernt
mit den Worten,
die da sind
(für die unterste Klasse)

Hunger
Schande
Tränen
und
Finsternis

Mit dem ungereinigten Schluchzen,
mit der Verzweiflung
(und ich verzweifle noch vor Verzweiflung)
über das viele Elend,
den Krankenstand, die Lebenskosten,
werde ich auskommen.

Ich vernachlässige nicht die Schrift,
sondern mich.
Die anderen wissen sich
weißgott
mit den Worten zu helfen.
Ich bin nicht mein Assistent.

Soll ich
einen Gedanken gefangennehmen,
abführen in eine erleuchtete Satzzelle?
Aug und Ohr verköstigen
mit Worthappen erster Güte?
erforschen die Libido[1] eines Vokals,
ermitteln die Liebhaberwerte unserer
Konsonanten?

Muß ich
mit dem verhagelten Kopf,
mit dem Schreibkrampf in dieser Hand,
unter dreihundertnächtigem Druck
einreißen das Papier,
wegfegen die angezettelten Wortopern,
vernichtend so: ich du und er sie es

wir ihr?

(Soll doch. Sollen die andern.)

Mein Teil, es soll verloren gehen.

1 *Libido: mit der Sexualität verknüpfte Triebenergie (Begriff aus der Psychoanalyse)*

Günther Anders
Sprachelegie (1946)

Verwüstet liegt das gute Land der Sprache.
Und Sätze ragen, kahl und abgelaubt,
das Nichts in ihren Ästen. Redensarten
stehn schräg im Raum, die Wurzeln in der Luft.
Und Worte, wo du hintrittst: angeschlagen
und eingebeult. Und die vergnügtesten,
die gestern noch mit Pfeifen und Trompeten
durchs Land gezogen ... und die stillen, die
verschämt und innig das Gewesene
noch rückgetönt – sie alle liegen wüst
und unverscharrt und unbeweint im Feld.
Und nur ein kleiner Trupp von völlig nackten
und stämmigen Vokabeln kehrt zuletzt
nach Haus zurück. Und hinter ihrem Schritt
steigt hoch der Staub und löscht die Landschaft aus.

„Keine Delikatessen“	„Sprachelegie“
Poetologisches Gedicht	Poetologisches Gedicht
Erschütterung des Verhältnisses zur Sprache	Erschütterung des Verhältnisses zur Sprache
Lyrisches Ich – Selbstbefragung zum Umgang mit Sprache (persönlichere Wirkung)	Kein lyrisches Ich – Beschreibung der Elemente der Sprache als verheerte Landschaft / Schlachtfeld
Persönlicher Bezug: Subjektive Absage an schöne, rhetorisch gestaltete Sprache, Absage ans eigene Werk; Plädoyer für eine Sprache der Unterprivilegierten und für Authentizität → Dichtung als soziales Engagement	Historischer Bezug: Sprachverlust der Dichterinnen und Dichter in der Nachkriegszeit
Ausgeprägte Bildsprache	Ausgeprägte Bildsprache

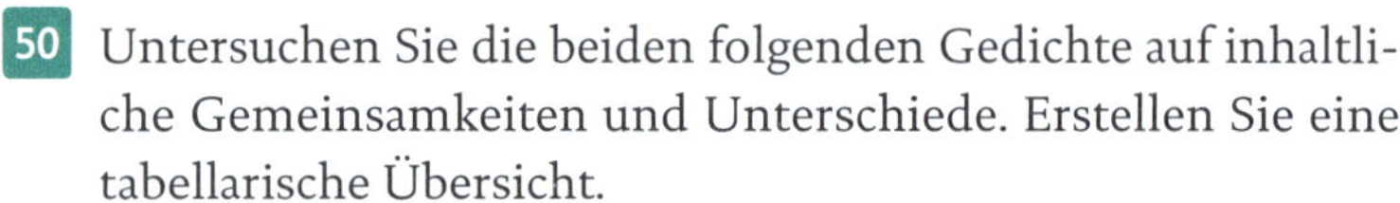

50 Untersuchen Sie die beiden folgenden Gedichte auf inhaltliche Gemeinsamkeiten und Unterschiede. Erstellen Sie eine tabellarische Übersicht.

Ernst Stadler
Vorfrühling (1914)

In dieser Märznacht trat ich spät aus meinem Haus.
Die Straßen waren aufgewühlt von Lenzgeruch und grünem Saatregen.
Winde schlugen an. Durch die verstörte Häusersenkung ging ich weit hinaus
Bis zu dem unbedeckten Wall und spürte: meinem Herzen schwoll ein neuer Takt entgegen.

In jedem Lufthauch war ein junges Werden ausgespannt.
Ich lauschte, wie die starken Wirbel mir im Blute rollten.
Schon dehnte sich bereitet Acker. In den Horizonten eingebrannt
War schon die Bläue hoher Morgenstunden, die ins Weite führen sollten.

Die Schleusen knirschten. Abenteuer brach aus allen Fernen.
Ueberm Kanal, den junge Ausfahrtwinde wellten, wuchsen helle Bahnen,
In deren Licht ich trieb. Schicksal stand wartend in umwehten Sternen.
In meinem Herzen lag ein Stürmen wie von aufgerollten Fahnen.

Joseph von Eichendorff
Schneeglöckchen (1839)

's war doch wie ein leises Singen
In dem Garten heute Nacht,
Wie wenn laue Lüfte gingen:
„Süße Glöcklein, nun erwacht,
Denn die warme Zeit wir bringen,
Eh's noch jemand hat gedacht." –
's war kein Singen, 's war ein Küssen,
Rührt' die stillen Glöcklein sacht,
Dass sie alle tönen müssen
Von der künft'gen bunten Pracht.
Ach, sie konnten's nicht erwarten,
Aber weiß vom letzten Schnee
War noch immer Feld und Garten,
Und sie sanken um vor Weh.
So schon manche Dichter streckten
Sangesmüde sich hinab,
Und der Frühling, den sie weckten,
Rauschet über ihrem Grab.

3 Verfassen des Vergleichs

Beim Ausformulieren des Aufsatzteils, in dem Sie die Gedichte vergleichen, lassen sich verschiedene Wege gehen.

- Sie können erstens **blockbildend verfahren**, das heißt erst das eine Gedicht in den Mittelpunkt stellen und dann das andere Gedicht, wobei Sie vergleichend Bezug auf das erste nehmen. Dieses Verfahren kann man bei Aufgaben wählen, bei denen die Aufgabenstellung keine dem Vergleich vorangehenden Einzelanalysen der Texte verlangt.
- Zweitens können Sie Aspekte für den Vergleich heraussuchen, die Sie jeweils nacheinander für die beiden Gedichte besprechen. Dieses **aspektorientierte / kriteriengestützte Verfahren** ermöglicht einen besonders strukturierten Vergleich, kann aber auch dazu führen, dass gewisse Aspekte unter den Tisch fallen (wenn sich diese nicht in beiden Gedichten finden lassen).
- Drittens können Sie die beiden Gedichte eng miteinander verzahnt bzw. **in gegenseitiger Durchdringung vergleichen**. In diesem Fall springen Sie immer wieder an solchen Stellen vom einen zum anderen Gedicht, an denen eine Gegenüberstellung erhellend ist. Dieses Vorgehen ist allerdings sehr anspruchsvoll. Es erlaubt oft eine besonders differenzierte Darstellung, birgt jedoch die Gefahr der Unübersichtlichkeit.

Folgende Grafik zeigt die drei genannten Möglichkeiten, einen Gedichtvergleich aufzubauen, in schematischer Darstellung:

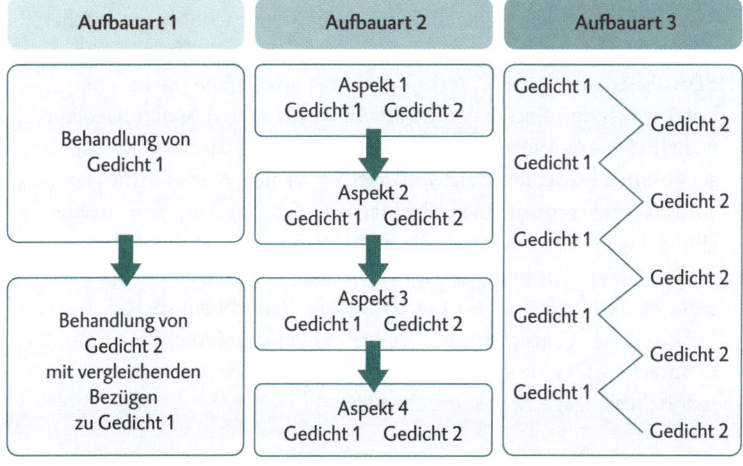

TIPP 

Wenn Sie bereits frühzeitig wissen, wie Sie den Vergleich aufbauen möchten, dann ist es sinnvoll, schon beim Erstellen der Übersicht zu den Unterschieden und Gemeinsamkeiten den Aufbau mit zu bedenken. Sie können dann die Übersicht bereits entsprechend anlegen.

Wenn dem Vergleich die Analyse der beiden Gedichte vorausgeht, dann ist es in der Regel nicht notwendig, dass Sie im Vergleich Untersuchungsergebnisse nochmals belegen – diese Arbeit haben Sie ja bereits geleistet. Ein solcher ausformulierter Vergleich zu Bachmanns *Keine Delikatessen* und Anders' *Sprachelegie* (siehe S. 116 f.) nach der dritten Aufbauart könnte folgendermaßen aussehen:

BEISPIEL

Sowohl Ingeborg Bachmanns *Keine Delikatessen* als auch Günther Anders' *Sprachelegie* lassen sich als poetologische Texte lesen. Während diese Lesart bei Bachmann auf der Hand liegt, da sie sich direkt mit der dichterischen Sprache auseinandersetzt, offenbart sich dies bei Anders erst unter Einbezug des historischen und literaturgeschichtlichen Kontextes: Sein Gedicht thematisiert eine Sprachlosigkeit, wie sie auch viele andere Dichter nach dem Zweiten Weltkrieg empfanden, weil entweder die Erfahrungen während des NS-Regimes oder der Missbrauch der Sprache durch die Nationalsozialisten sie sprachlos gemacht hatten. Anders' Text zeigt so die Erschütterung des Verhältnisses zur Sprache, indem er deren Elemente als zerstörte Landschaft imaginiert. Bei Bachmann hingegen äußert sich diese Erschütterung in einer Selbstansprache des lyrischen Ichs, in der es sich zum Umgang mit der Sprache befragt, sich gegen die Verwendung einer schönen, poetischen, rhetorisch durchgestalteten Sprache entscheidet und offenbar auch dem bisherigen eigenen Werk eine Absage erteilt. Eine solche – persönlicher wirkende – Entscheidungssituation existiert bei Anders' Gedicht nicht: Seine kaum subjektiv angelegte Schilderung der Sprachlandschaft als verwüstetes Schlachtfeld, von dem nur wenige Wörter in die Heimat zurückkehren, scheint einen allgemeineren Geltungsanspruch zu haben. Und dennoch teilen die Gedichte miteinander einen zeitkritischen Bezug: Anders' *Sprachelegie* klagt indirekt die Verursacher des Sprachverlusts, die Nationalsozialisten, an, und der Verzicht auf sprachliche *Delikatessen* bei Bachmann geht einher mit einer Präferenz für eine andere Sprache – für eine authentischere Sprache, die offenbar ein soziales, politisches Engagement kennzeichnet. ■

51 Verfassen Sie einen solchen kurzen Vergleich der Gedichte *Vorfrühling* (S. 118) von Ernst Stadler und *Schneeglöckchen* (S. 118) von Joseph von Eichendorff im Hinblick auf den Inhalt. Entscheiden Sie sich für eine der oben genannten Aufbaumöglichkeiten.

Test 6

Hugo von Hofmannsthal
Mein Garten (1891)

Schön ist mein Garten mit den goldnen Bäumen,
Den Blättern, die mit Silbersäuseln zittern,
Dem Diamantentau, den Wappengittern,
Dem Klang des Gong, bei dem die Löwen träumen,
Die ehernen, und den Topasmäandern[1]
Und der Voliere, wo die Reiher blinken,
Die niemals aus dem Silberbrunnen trinken …
So schön, ich sehn mich kaum nach jenem andern,
Dem andern Garten, wo ich früher war.
Ich weiß nicht wo … Ich rieche nur den Tau,
Den Tau, der früh an meinen Haaren hing,
Den Duft der Erde weiß ich, feucht und lau,
Wenn ich die weichen Beeren suchen ging …
In jenem Garten, wo ich früher war …

1 *Topas: glänzendes, für Schmuck verwendetes Mineral; Mäander: ein ornamentales Muster*

Johann Wolfgang von Goethe
Der Park (entst. 1782, veröff. 1789)

Welch ein himmlischer Garten entspringt aus Öd'
    und aus Wüste,
    Wird und lebet und glänzt herrlich im Lichte vor mir.
Wohl den Schöpfer ahmet ihr nach, ihr Götter der Erde!
    Fels und See und Gebüsch, Vögel und Fisch' und Gewild.
Nur, daß euere Stätte sich ganz zum Eden[1] vollende,
    Fehlet ein Glücklicher hier, fehlt euch am Sabbat die Ruh'.

1 *Eden: paradiesischer Garten*

Aufgabe

Interpretieren Sie die Gedichte „Mein Garten" von Hugo von Hofmannsthal und „Der Park" von Johann Wolfgang von Goethe und vergleichen Sie sie im Hinblick auf Ausgestaltung, Bewertung und Bedeutung des künstlichen Gartens.

Lösungen

Schritt 1: Analyse – Inhaltliche Ebene

1 **Heinrich Heine: Die Bergstimme**

- Basiswissen zum literaturhistorischen Kontext: Spätzeit der Romantik, Epoche des Vormärz und des Biedermeier
- Wissen zum biografisch-literaturhistorischen Kontext: Heine als Autor zwischen Romantik und Vormärz
- Vertieftes Wissen zum biografischen Kontext: Heinrich Heines Selbstverständnis als Vollender und Überwinder der Romantik, ironischer Umgang mit romantischer Tradition, Autor politisch interessiert
- Erwartung: möglicherweise Einflüsse der Romantik noch recht stark, weil Entstehungsdatum relativ früh; Ironie ggf. noch nicht sehr ausgebildet

Georg Heym: Die Meerstädte

- Basiswissen zum literaturhistorischen Kontext: Epoche des Expressionismus
- Wissen zum biografisch-literaturhistorischen Kontext: Georg Heym als bekannter Vertreter des Expressionismus
- Vertieftes Wissen zum biografischen Kontext: Autor bekannt für Stadtgedichte (z. B. *Der Gott der Stadt*), früher Tod, oft drastische, kontrastreiche Bildsprache
- Erwartung: möglicherweise Stadtgedicht, viele bildsprachliche Elemente, die gedeutet werden müssen

2 a Der Titel **Die Meerstädte** lässt erwarten, dass es um Städte geht, die sich am Meer befinden oder die mit dem Meer verglichen werden. Die Verwendung des Plurals deutet darauf hin, dass es nicht um eine konkrete Stadt geht, sondern eine allgemeinere Charakterisierung von Städten angestrebt wird.

Der Titel **Heidenröslein** lässt vermuten, dass ein Naturgedicht folgt, in dem ein einzelnes Heidenröslein betrachtet wird.

b

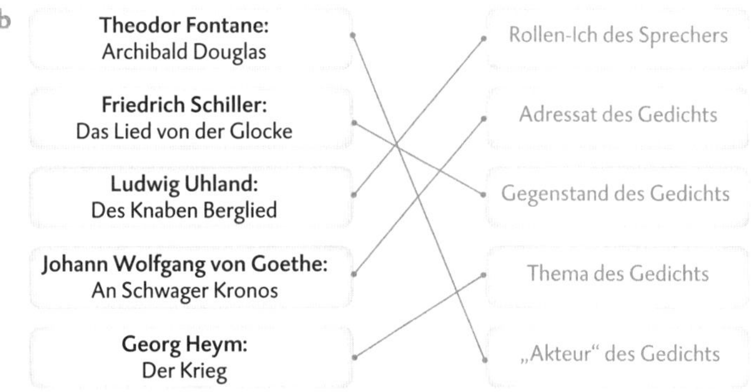

- Leseerwartung zu **Archibald Douglas**:
  Es könnte sich um ein Heldengedicht handeln, dessen Handlungsort Großbritannien ist (wegen des angelsächsischen Namens).
- Leseerwartung zu **Des Knaben Berglied**:
  Es könnte sich um ein Gedicht mit einfachem Inhalt handeln, da der Titel das Lied eines Knaben (z. B. eines Hirtenjungen) ankündigt. Der Titel lässt zudem einen Bezug zur Natur erwarten.
- Leseerwartung zu **An Schwager Kronos**:
  Aufgrund der Verwandtschaftsbezeichnung „Schwager" ist es wahrscheinlich, dass ein Rollengedicht vorliegt, das heißt, dass das Sprecher-Ich in einer Rolle spricht (hier: Familienangehöriger). Zudem ist wegen des Bezugs zur griechischen Mythologie („Kronos") ein hoher Stil zu erwarten.
- Leseerwartung zu **Der Krieg**:
  In diesem Gedicht werden vermutlich die Schrecken des Krieges thematisiert.

3 **Johann Wolfgang von Goethe: Rezensent**

- **Thema des Gedichts:** Darstellung eines Essens mit einem Rezensenten, der danach einem anderen gegenüber abfällig von der Mahlzeit spricht → Kritik an der Dreistigkeit von Rezensenten
- **Situation:** Essen mit einem Rezensenten
- **Ort:** beim lyrischen Ich zu Hause
- **Zeit:** Essenszeit, etwas länger als die Dauer eines Essens
- **„Akteure“:** lyrisches Ich, Rezensent, Nachbar des lyrischen Ichs
- **Schlüsselwörter:** „Essen“, „Rezensent“

4 **Erich Fried**
Bevor ich sterbe

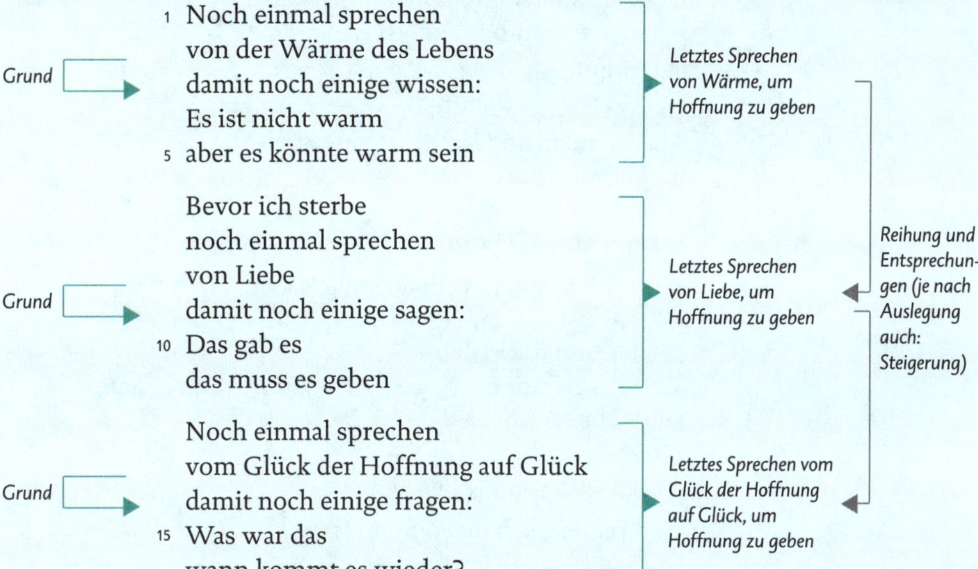

5 **Clemens Brentano: Der Spinnerin Nachtlied**

Das lyrische Ich in diesem Gedicht ist sehr präsent, wie der mehrfache Gebrauch der Pronomen „ich“/„mir“/„mich“/„mein“ (vgl. z. B. V. 5, 11, 12, 14, 15) und „wir“/„uns“ (vgl. z. B. V. 9, 16) verdeutlicht. Es handelt sich um ein Rollen-Ich, denn es spricht – wie bereits im Titel angekündigt – eine Spinnerin. Diese wurde von ihrem Geliebten verlassen und singt nun ein Lied, während sie ihrer Arbeit nachgeht. Sie vermisst den Geliebten und trauert ihm, sich erinnernd, nach.

Liebes-beziehung

Abstrakter Adressat

Adressat: Geliebter Mensch

Adressat: Ich

Klage

Sehnsuchts-bekundung

6 **Reiner Kunze: Bittgedanke, dir zu Füßen**

Stirb früher als ich, um ein weniges
früher

Damit nicht du
den weg zum haus
allein zurückgehn musst

Ricarda Huch: Nicht alle Schmerzen

Nicht alle Schmerzen sind heilbar, denn manche schleichen
Sich tiefer und tiefer ins Herz hinein,
Und während Tage und Jahre verstreichen,
Werden sie Stein.

Du sprichst und lachst, wie wenn nichts wäre,
Sie scheinen zerronnen wie Schaum.
Doch du spürst ihre lastende Schwere
Bis in den Traum.

Der Frühling kommt wieder mit Wärme und Helle,
Die Welt wird ein Blütenmeer.
Aber in meinem Herzen ist eine Stelle,
Da blüht nichts mehr.

Joseph von Eichendorff: Der Einsiedler

Komm, Trost der Welt, du stille Nacht
Wie steigst du von den Bergen sacht,
Die Lüfte alle schlafen,
Ein Schiffer nur noch, wandermüd,
Singt übers Meer sein Abendlied
Zu Gottes Lob im Hafen.

Die Jahre wie die Wolken gehn
Und lassen mich hier einsam stehn,
Die Welt hat mich vergessen,
Da tratst du wunderbar zu mir,
Wenn ich beim Waldesrauschen hier
Gedankenvoll gesessen.

O Trost der Welt, du stille Nacht!
Der Tag hat mich so müd gemacht,
Das weite Meer schon dunkelt,
Laß ausruhn mich von Lust und Not,
Bis daß das ew'ge Morgenrot
Den stillen Wald durchfunkelt.

Test 1

Kennzeichnung der möglichen Punkte:
Halbe Punkte: [✗]
Ganze Punkte: [✓]

1 **Leseerwartung aufgrund des Titels: [✓]**
Es liegt nahe, dass es sich um Naturlyrik handelt. Das Adjektiv „fremd“ könnte darauf hindeuten, dass es auch um eine Entfremdungserfahrung geht.

Entstehungszeit / literarische Epoche: [✓]
Nachkriegszeit (ab 1945)
- Nachwirkungen des Krieges, Schuldfrage im Hinblick auf den Holocaust, Zeit des Wirtschaftswunders
- Sprachpurismus
- Naturlyrik vor allem in gebrochener Form

Autor: Hans Magnus Enzensberger: [✓]
- Mitglied der Gruppe 47
- (gesellschafts)kritischer Autor
- verwendet gerne Wort- / Sprachspiele, zum Teil lustige Gedichte

Hinweis zur Selbstbewertung:
Eine Notiz pro Aspekt genügt für die volle Punktzahl.

2 **a** Zentrales Thema des Gedichts ist …

- [ ] die verzerrte Wahrnehmung großstädtischer Garten- und Hafenanlagen durch ein lyrisches Ich, das diese Umgebung nicht kennt.
- [x] die durch die Auswirkungen der Industrie versehrte, beschädigte Natur, die dem lyrischen Ich fremd geworden ist. [✓✓]
- [ ] die Verbundenheit des lyrischen Ichs zu Natur und Stadt, auch wenn die Umgebung durch Industrie beschädigt ist.
- [ ] die Frage des lyrischen Ichs, wo sich in der Industrielandschaft noch echte Gärten finden, die Ruhe und Erholung bieten.

b Situation und Ort: Das Ich befindet sich offenbar in einem Garten und betrachtet diesen sowie die Umgebung [✓]. Es ist Mittag (vgl. V. 9)[✓].

c Es tritt nur das lyrische Ich in Erscheinung. [✓]

3 **a** Das Gedicht hat drei Strophen, die jeweils einen Sinnabschnitt bilden:

- 1. Strophe: Garten als Anti-Idylle (Teil 1) [✓]
- 2. Strophe: Ratlosigkeit und Entfremdung des Ichs [✓]
- 3. Strophe: Garten als Anti-Idylle (Teil 2) [✓]

b **Architektur:** Das Gedicht ist spiegelbildlich angelegt: Die mittlere Strophe, in der das lyrische Ich seine Verzweiflung angesichts der beschädigten Natur in und um den Garten artikuliert, erhält eine Rahmung durch zwei Strophen, die die Versehrung der Natur durch die Industrie beschreiben. Das im Zentrum des Gedichts auftretende Ich scheint geradezu eingezwängt von den Industriephänomenen (Strophe 1 und 3). [✓✓✓]

4 **Beschreibung des lyrischen Ichs:** Das lyrische Ich wird zwar nicht genauer beschrieben, aber seine Verzweiflung und die Entfremdung von seiner – ihm einst vertrauten – Umgebung bzw. von seinem Land werden deutlich („bin ich betrogen“, V. 6). [✓✓]

5 Es gibt in diesem Gedicht keinen bestimmbaren Adressaten – allerdings richtet sich das Ich zwischenzeitlich an sich selbst, wenn es seine „[F]üße“ (V. 5) und seine „[A]ugen“ (V. 5) direkt anspricht. Das lyrische Ich kann man daher als vorübergehenden Adressaten ansehen. Die Sprechabsicht des lyrischen Ichs scheint die Klage über die eigene Entfremdung vom Heimatland zu sein (vgl. V. 4–6). [✓✓]

Schritt 2: Analyse – Formale Ebene

7
- **Heinrich Heine: Wo?** → vierhebiger Trochäus (in den geraden Versen um eine Silbe verkürzt)
- **Friedrich Rückert: Lob des Abendrotes** → sechshebiger Jambus
- **Heinrich von Kleist: Er ritt einst** → Hier lässt sich kein Metrum bestimmen. Es handelt sich übrigens auch nicht um ein Gedicht, sondern um einen Auszug aus Kleists Novelle *Michael Kohlhaas*, der in Verse gesetzt wurde.

8 **Johann Wolfgang von Goethe: An den Mond**
In dem Gedicht wechseln vierhebige und dreihebige Trochäen einander ab. Es gibt keine Auftakte, da jeder Vers mit einer Hebung beginnt. Die Kadenzen sind durchgehend männlich. Das Metrum ist dabei insofern unvollständig, als am Versende jeweils eine Senkung fehlt.

9 **Annette von Droste-Hülshoff**
Die Steppe (Auszug)

Standest du je am Strande,
Wenn Tag und Nacht sich gleichen,
Und sahst aus Lehm und Sande
Die Regenrinnen schleichen –
Zahllose Schmugglerquellen,
Und dann, so weit das Auge
Nur reicht, des Meeres Wellen
Gefärbt mit gelber Lauge? –

- ☒ dreihebiger Jambus
- ☐ vierhebiger Trochäus
- ☐ kein festes Metrum
- ☒ an allen Versenden eine überzählige Silbe
- ☐ Hebungsprall in V. 3

10 **Christian Hofmann von Hofmannswaldau**
Die Wollust
Hier liegt ein Alexandriner vor: ein sechshebiger Jambus, bei dem man in der Mitte eine Zäsur lesen kann (auch wenn sie nur im 6. Vers durch ein Zeichen formal markiert ist):
Sie **las**set **trink**bar **Gold** | in **uns**re **Ke**hle **flie**ßen

Das Gedicht reiht sich mit dem Carpe-Diem-Motiv nicht nur thematisch in die Lyrik des Barock ein, sondern auch im Hinblick auf das Versmaß.

11 **Justinus Kerner**
Der Wanderer in der Sägmühle (Auszug)
Dort unten in der Mühle
Saß ich in süßer Ruh
Und sah dem Räderspiele *klingender, unreiner Reim*
Und sah den Wassern zu. *stumpfer, reiner Reim*

Clemens Brentano
Rosablankens Traum (Auszug)
In des ernsten Tales Büschen
Ist die Nachtigall entschlafen,
Mondenschein muß auch verblühen, *klingender Reim, Assonanz*
Wehet schon der Frühe Atem. *klingender Reim, Assonanz*

Georg Trakl
Die schöne Stadt (Auszug)
Alte Plätze sonnig schweigen.
Tief in Blau und Gold versponnen
Traumhaft hasten sanfte Nonnen *klingender, reiner Reim*
Unter schwüler Buchen Schweigen. *klingender, identischer Reim*

12 **Joseph von Eichendorff**
Mandelkerngedicht
Bei diesem Spaßgedicht spielt Eichendorff mit Reimen: Viele Verse (V. 1/2, 4/5, 7/8, 10/11, 13/14, 16/17, 19/20, 22/23) reimen sich nur, wenn man eines der beiden Reimwörter falsch betont – so reimt sich bspw. „Wänden“ auf „Freiheitbegehrenden“ nur, wenn man das zweite Wort auf „end“ betont.

Die übrigen Verse reimen sich ohne derartige „Verzerrungen“, hier handelt es sich um stumpfe, reine Reime.

13 **Christian Wagner: Spätes Erwachen**

Die Reimfolge des Gedichts ist **aaa bbb ccc**. Es folgen also drei Haufenreime aufeinander.

Durch die Reimfolge wird die Strukturierung des Gedichts in Strophen unterstrichen, da in jeder Strophe nur ein Reim verwendet wird. Dies passt zu den verschiedenen Schwerpunkten, die jeweils gesetzt werden: In der ersten Strophe wird eine Vergleichsebene ausgeführt (das Bild eines Menschen, der nach nächtlichen Ausschweifungen erst spät einschläft). Sie wird in Strophe 2 auf das lyrische Ich und seine Lebenszeit übertragen. In der dritten Strophe beklagt das Ich seine Unwissenheit bezüglich seines „vorigen Sein[s]" (V. 6).

Hinweis: Der Inhalt von Strophe 1 ragt allerdings mit V. 4 noch in Strophe 2 hinein.

14 **Gotthold E. Lessing** Lob der Faulheit — **Franz Kafka** [Und die Menschen gehn in Kleidern]

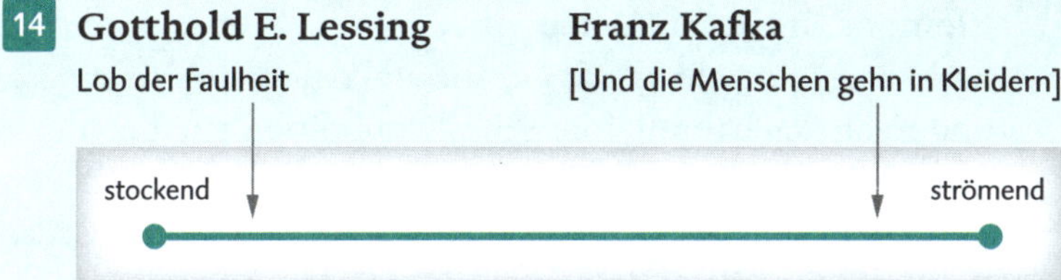

Begründung: In Lessings Gedicht verursachen die vielen Gedankenstriche, die den Lesefluss unterbrechen, trotz der trochäischen Anlage einen stockenden Rhythmus. Kafkas Gedicht hat im Vergleich dazu einen strömenden Rhythmus, da es keine Unterbrechungen des Leseflusses gibt. Dafür sorgen der Satzbau (nur ein Satz, wodurch keine Lesepause nahegelegt wird) zusammen mit den Enjambements und das durchgehende Metrum des vierhebigen Trochäus, der auch über die Versgrenzen hinausgeht.

Bedeutung: Das Stocken in Lessings Gedicht passt zum Unwillen des lyrischen Ichs („O – – Wie – – sau – – er – –", V. 3) bzw. zu der das lyrische Ich überkommenden Müdigkeit („Ach! – – ich – – gähn'– – ich – – / werde matt – –", V. 9 f.). Der Rhythmus hat hier eine inhaltliche Entsprechung ebenso wie in Kafkas Gedicht. Dort passt der strömende Rhythmus zur Bewegung der Menschen (Spazierengehen) und zur Ausbreitung des Himmels.

15 Joachim Ringelnatz: Liedchen

Dieses Gedicht hat eine sehr einfache | ~~komplexe~~ | ~~irritierende~~ Form: Es besteht durchgehend aus zweihebigen ~~Trochäen~~ | Jamben | ~~Daktylen~~, die im Zusammenspiel mit dem parataktischen | ~~elliptischen~~ | ~~verwinkelten~~ Satzbau und der ~~langweiligen~~ | immer gleichen | ~~variierenden~~ Satzgliedfolge aus Subjekt und ~~Objekt~~ | ~~Verb~~ | Prädikat sowie mit ~~den Enjambements~~ | dem Zeilenstil | ~~den vielen Kommata~~ ein schnelles Lesen und einen reihenden | ~~stockenden~~ | ~~gleichmäßig fließenden~~ Rhythmus erzeugen. Das im Gedicht behandelte Thema der Vergänglichkeit des Seins, das eigentlich belastend ist, erhält durch diese Form eine gewisse ~~Schwere~~ | ~~Tragik~~ | Leichtigkeit und Beiläufigkeit. Das passt zum humoristischen Ansatz, von dem Ringelnatz' Gedichte geprägt sind.

16 Clemens Brentano: Wiegenlied

Brentanos Gedicht greift auf die Volksliedstrophe zurück und reiht sich damit in die Volksliedtradition ein, die in der Romantik besonders beliebt war. Die beiden vierversigen Strophen haben als Metrum einen vierhebigen Trochäus, das Reimschema ist der Kreuzreim. Die einfache Form des Gedichts passt zum wenig komplexen Inhalt des Schlaflieds. Auch die Einordnung als Wiegenlied (vgl. Gedichttitel) betont wie die Form die Liedhaftigkeit des Gedichts.

17 Thomas Mann: Monolog

a Bei diesem Gedicht handelt es sich um …

- [x] eine Terzine, die …
- [ ] ein Sonett, das …
- [ ] eine Elegie, die …

geprägt ist von …

- [x] strophenübergreifenden Reimen.
- [ ] einer unregelmäßigen Reimstruktur.
- [ ] einer Vielzahl an Reimen.

b Diese Gedichtform bewirkt …

- [ ] ein ständiges Stocken im Lesefluss.
- [x] ein gleichmäßiges Vorwärtsschreiten beim Lesen.
- [ ] eine regelmäßige Pause in den Strophen.

c Das Gedicht wird durch den Schlussvers abgerundet, der …

- [ ] eine Waise ist.
- [ ] ein antithetisches Element ist.
- [x] das Reimschema zum Abschluss bringt.

d Diese Strophenform passt auch zum Inhalt des Gedichts, denn sie spiegelt formal …

- [x] die sich entwickelnde Vorstellung von der eigenen Bedeutsamkeit.
- [ ] die Unklarheit der Gedanken.
- [ ] den stockenden Lesefluss.

Test 2

Kennzeichnung der möglichen Punkte:
Halbe Punkte: [✗]
Ganze Punkte: [✓]

1 **Metrum:** 4-hebiger Jambus [✓✓]

Abweichungen vom metrischen Schema:

- Fünfhebigkeit von V. 1 [✗]
- schwebende Betonung am Beginn von V. 2 [✗]
- einige Doppelsenkungen in V. 2 f. [✗]
- schwebende Betonung zu Beginn von V. 7 [✗]
- (halber Zusatzpunkt: je nach Lesart ggf. fehlender Auftakt in V. 3 [✗])

2 Keines der Versmaße liegt vor. [✓]

3 Es handelt sich – bis auf einen unreinen Reim („düster" – „Philister", V. 3 f.) – um reine Reime [✓]. Die Reime sind überwiegend klingend (V. 1, 3, 4, 6, 8, 9, 10, 12, 13) [✓]. Nur in V. 2, 5, 7, 11 finden sich stumpfe Reime [✓], wobei sich diese Wörter alle aufeinander reimen.

4 Die Verse mit männlicher Kadenz sind im Hinblick auf das Metrum vollständig [✓], die Verse mit weiblicher Kadenz erfüllen das Metrum insofern nicht regulär, als das Versende hier jeweils eine überzählige Silbe hat [✓]. Das Gedicht weist fast durchgehend Auftakte [✓] auf, da das Metrum der Jambus ist. Keine Auftakte kann man dort ausmachen, wo die erste Silbe eines Verses betont werden kann (V. 2 und 7, ggf. V. 3; vgl. Aufgabe 1).

5 Die Reimfolge ist ungewöhnlich: abccba bdddbee [✓]. Dem Reimschema kann man eine strukturierende Funktion [✓] zusprechen: Der erweiterte umarmende Reim in Strophe 1 unterstreicht deren Sinneinheit, denn hier steht zunächst die missmutige Sicht von außen auf Gedichte bzw. Kirchenfenster im Mittelpunkt [✗]. Auch die Reimfolge des ersten

Teils (V. 7–11) der zweiten Strophe, gewissermaßen ebenso ein erweiterter umarmender Reim, spiegelt ebenfalls formal einen Sinnzusammenhang wider: Hier wird die positive Sicht auf die Kirchenfenster bzw. Gedichte nach einem Eintreten in das bzw. Einlassen auf das Innere dargestellt [✗]. Der sich abhebende Paarreim in den letzten beiden Versen unterstützt formal deren Charakter einer allgemeinen Schlussfolgerung [✓].

Hinweis zur Selbstbewertung:
Die Deutung der Reimfolge kann auch anders ausfallen – solange sie plausibel begründet ist.

6 Rhythmusbildend wirkt der Jambus, der dem Gedicht poetisch-sanghaften Charakter verleiht [✗]. Abweichungen (vgl. Lösung zu Aufgabe 1) treten vor allem dort auf, wo der unzureichende Blick von außen in die Kirche dargestellt wird (V. 2 f.) [✗]. Die vielen weiblichen Kadenzen lockern das Versmaß auf, da sich der Jambus hier nicht über die Verse hinweg fortsetzt [✓]. Sie verlangsamen das Lesetempo [✗]. Das Zeilenstilhafte der Verse wirkt hier eher reihend [✗].

Hinweis zur Selbstbewertung:
Die Erschließung des Rhythmus kann auch andere Schwerpunkte setzen – es ist aber wichtig, dass sie mit Textmerkmalen begründet werden.

7
- ☐ Aufgrund der vielen Doppelsenkungen kann man festhalten, dass das Gedicht aus Volksliedstrophen besteht. [✗]
- ☒ Es handelt sich um eine sehr individuelle Gedichtform, da ein ungewöhnliches Reimschema vorliegt. [✗]
- ☐ Da das Gedicht 13 Verse hat, kann man es als Variation eines Sonetts ansehen, das in der Regel 14 Verse hat, – zumal es antithetisch aufgebaut ist. [✗]
- ☒ Man kann in dem Gedicht keine bekannte Strophen- bzw. Gedichtform erkennen. [✗]

Schritt 3: Analyse – Sprachliche Ebene

18 August von Platen
Es liegt an eines Menschen Schmerz

Bedeutungs-rangfolge	Stilmittel
1	Epipher: „nichts“ (V. 1 f., 4, 6, 8, 10, 12, 14)
2	Repetitio: „jeder“, „jeden“ (V. 9), „jeder“ (V. 13 f.)
3	Repetitio: „an eines Menschen“ (V. 1)
4	Repetitio: „Mensch“, „Menschen“ (V. 3)
5	Repetitio: „Wunsch“, „Wünsche“ (V. 11)
6	Repetitio: „gebe“, „gab“ (V. 13)
7	Anapher: „Es“ (V. 1 f.)

Begründung der Rangfolge: Prägend für das Gedicht ist das Stilmittel der Epipher. Durch das vielfache Auftreten am Satz- bzw. Versende wird das Wort „nichts“ besonders betont. Die Repetitio „jeder“ (mit Kasusabwandlungen) ist ebenfalls wichtig, da hier ein Wort mehrfach wiederholt wird – mit ihm wird die Allgemeingültigkeit der Aussagen für den Menschen hervorgehoben. Die weiteren Stilmittel haben vor allem lokale Bedeutung: Die Wiederholungen in „Mensch vom Menschen“ und „Wunsch nur Wünsche“ veranschaulichen den jeweils angesprochenen Reproduktionsvorgang. Die Repetition „gebe“/„gab“ unterstreicht im Zusammenspiel mit der Negation „keiner“ einen Gegensatz. Da es sich bei der Anapher „Es“ zu Beginn um kein bedeutungstragendes Wort handelt, ist dieses Stilmittel eher nachrangig.

19 Johann Wolfgang von Goethe: Rastlose Liebe

Die erste Version enthält ein Polysyndeton („Dem Schnee und dem Regen / Und dem Wind entgegen"), die zweite ein Asyndeton („Dem Schnee, dem Regen, / Dem Wind entgegen"). Dabei entspricht Variante 2 dem Original: Das Asyndeton beschleunigt (auch in Verbindung mit den Kurzzeilen) den Lesefluss und passt deshalb zur Dynamik des Gedichtbeginns, die auch im doppelten „Immer zu!" deutlich wird. Im Vergleich hierzu bremst das Polysyndeton in der ersten Version den Lesefluss. Allerdings kann man dem Polysyndeton auch eine euphorisierende Wirkung zusprechen.

20 Andreas Gryphius: Tränen des Vaterlandes

- **Parallelismus:** „Die Türme stehn in Glut, die Kirch' ist umgekehret. / Das Rathaus liegt im Graus, die Starken sind zerhaun" (V. 5 f.) → Der Parallelismus unterstreicht die Reihung der Kriegsverheerungen.
- **Correctio:** „ganz, ja mehr denn ganz" (V. 1) → Die Correctio intensiviert gleich zu Beginn den Sprechgestus und betont die schreckliche Zerstörung durch den Krieg.
- **Inversion:** „Hier" (V. 9) → Die Inversion unterstreicht die Ortsbestimmung.
- **Inversion (vorangestelltes Genitivattribut):** „Der frechen Völker Schar" (V. 2) → Das vorangestellte Genitivattribut hebt das Stilniveau und erhöht die Dichte der bedeutungstragenden Wörter.
- **Inversion (vorangestelltes Genitivattribut):** „der Seelen Schatz" (V. 14) → Auch hier hebt die Voranstellung das Stilniveau und erzeugt eine höhere Sprachdichte. Zudem klingt die Fügung wie das Kompositum „Seelenschatz", wodurch auf klanglicher Ebene eine noch größere Zusammengehörigkeit der Begriffe erreicht wird.

Hinweis: Es lassen sich noch andere Textstellen finden – z. B. das vorangestellte Genitivattribut „unser Ströme Flut" (V. 10).

21 Joseph von Eichendorff: Nachts

- Die Ellipse in V. 6 („Dann wieder alles grau und stille“ statt „Dann ist wieder alles grau und stille“) passt zum Inhalt, da hier das Verstummen der Natur beschrieben wird.
- Die Strophe 2 weist einige Ellipsen auf: In V. 7 stützt die Ellipse „O wunderbarer Nachtgesang“ den Ausrufscharakter. Die weiteren Ellipsen („Von fern im Land der Ströme Gang“, „Leis Schauern in den dunklen Bäumen“ statt „Ein leises Schauern vernehme ich in den dunklen Bäumen“, „Wirrst die Gedanken mir“) zeigen die emotionale Aufgewühltheit des Ichs bzw. seine geistige Verwirrung (vgl. V. 11).

22 a **Rainer Maria Rilke**
Ich fürchte mich so vor der Menschen Wort

Ich fürchte mich so vor der Menschen Wort.	☐
Sie sprechen alles so deutlich aus:	☐
Und dieses heißt Hund und jenes heißt Haus,	☒
und hier ist Beginn und das Ende ist dort.	☐
Mich bangt auch ihr Sinn, ihr Spiel mit dem Spott,	☒
sie wissen alles, was wird und war;	☒
kein Berg ist ihnen mehr wunderbar;	☐
ihr Garten und Gut grenzt grade an Gott.	☒
Ich will immer warnen und wehren: Bleibt fern.	☒
Die Dinge singen hör ich so gern.	☐
Ihr rührt sie an: sie sind starr und stumm.	☒
Ihr bringt mir alle die Dinge um.	☐

b ☐ Die Alliterationen kontrastieren mit der Anlage des Gedichts als Sprachkritik.

☒ Die Alliterationen erzeugen eine Musikalität der Sprache, die zum Inhalt des Gedichtes passt. Es kritisiert die Sprache als Instrument der Welterfassung und fordert dazu auf, die musikalische Sprache der Dinge wieder erklingen zu lassen.

☐ Die Alliterationen unterstreichen die dunkle Atmosphäre des Gedichts, da diese vor allem aus dunklen Konsonanten bestehen.

c Bei genauer Betrachtung handelt es sich hier um eine Assonanz und nicht um einen Binnenreim (es sei denn, man spricht von einem „unreinen" Binnenreim). Für die Deutung spielt es in diesem Fall allerdings keine entscheidende Rolle, wie das rhetorische Mittel genau bezeichnet wird. Wichtig ist, dass hier neben den Alliterationen auch noch ein weiteres Klangmittel zum Einsatz kommt, das die Musikalität des Textes betont. Zudem ist es aussagekräftig, dass dieses Klangmittel gerade dort verwendet wird, wo es ausdrücklich um die Musikalität der Dinge geht.

23 Peter Hille: Seegesicht
Die Onomatopoesien („Tritonengetut", V. 2, 21; „Krähende", V. 5; „Plätschernde", V. 6; „rauschender", V. 12; „Lallend", V. 16) und Alliterationen („Palmen und Pinien", V. 12; „Grünhinflüsternde, finstere Flossen", V. 18) untermalen lautlich die Atmosphäre und vergegenwärtigen sinnlich die Geräusche an der See. Neben dem visuellen Sinn wird so vor allem der auditive Sinn angesprochen.

24 Der Chiasmus in Vers 4 („und hier ist Beginn und das Ende ist dort.") unterstreicht den Gegensatz zwischen „Beginn" und „Ende".

25 Johann Wolfgang von Goethe: Das Göttliche

In der ersten dieser drei Strophen werden die „[l]ockige Unschuld“ (V. 4) und der „[s]chuldig[e] Scheitel“ (V. 6) einander gegenübergestellt. Dies verdeutlicht das Zufällige des Glücks, das mal den Unschuldigen, mal den Schuldigen widerfahren kann. Von einer Antithese kann man hierbei jedoch nicht sprechen, da kein Gegensatz zum Ausdruck gebracht wird, sondern eine Parallelisierung erfolgt.

Die dritte Strophe enthält zwei Oxymora: Dass der Mensch das Unmögliche vollbringt, ist eigentlich ebenso unmöglich wie die Dauerhaftigkeit eines Augenblicks. Die Oxymora unterstreichen die positive Bewertung des Menschlichen.

Außerdem findet sich hier noch eine Klimax: Das, was der Mensch vermag, wird in einer Steigerung (vgl. V. 14 f.) präsentiert – vom „Unterscheiden“ (Wahrnehmung) über das „Wählen“ (Handlung) hin zum „Richten“ (Handlung und Beurteilung).

26 Johann Wolfgang von Goethe: Wandrers Nachtlied

Der du von dem Himmel bist,
Alle Freud und Schmerzen stillest,
Den, der doppelt elend ist,
Doppelt mit Erquickung füllest;
Ach, ich bin des Treibens müde!
Was soll all die Qual und Lust?
Süßer Friede,
Komm, ach komm in meine Brust!

Apostrophe
Ausruf
Interjektion
Rhetorische Frage

Die Interjektionen erzeugen einen klagend-gebetshaften Ton. Sie sind mit Ausrufen verbunden, die die Emotionalität der Rede steigern. Die rhetorische Frage, die man mit einem „Nichts“ beantworten kann, zeigt die Verzweiflung des Ichs angesichts der Leidenschaften an. Die Apostrophe in diesem Gedicht ist deshalb interessant, weil man zuerst denken könnte, dass hier Gott angesprochen wird. Allerdings ist die Rede, wie sich am Ende herausstellt, an den „[s]üße[n] Friede[n]“ (V. 7) gerichtet, den das lyrische Ich ersehnt. Durch die direkte Ansprache des Abstraktums Frieden wird die Bitte intensiviert.

27 **Rainer Maria Rilke**
Mir ist, als ob ich alles Licht verlöre
Der Vergleich in V. 1 („Mir ist, als ob ich alles Licht verlöre") weist auf die schlechte innere Verfassung des lyrischen Ichs hin: Der Verlust allen Lichts deutet hier eine existenzielle Krisenerfahrung an. Durch die Stellung gleich zu Beginn des Gedichts wird dies noch hervorgehoben. Der Leser fragt sich, warum sich das Ich so fühlt.

28

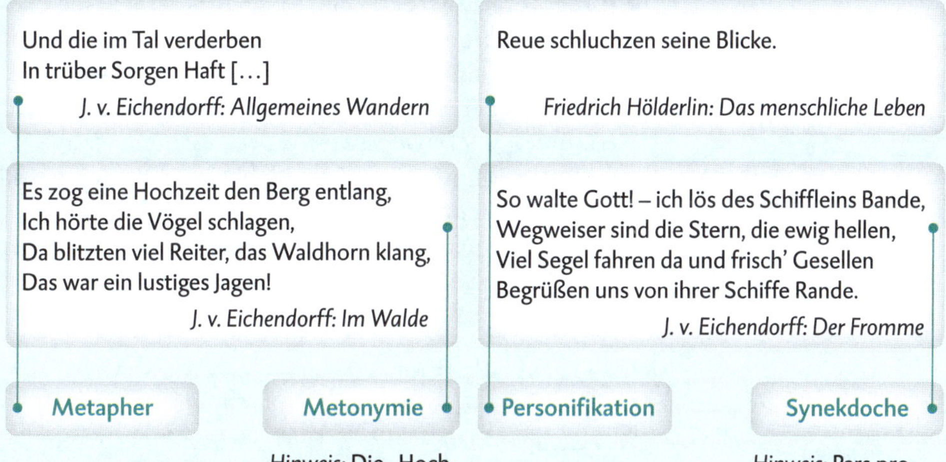

Hinweis: Die „Hochzeit" steht für die Hochzeitsgesellschaft.

Hinweis: Pars pro Toto – Die Segel stehen für das Schiff.

29 **Johann Wolfgang von Goethe: Herbstgefühl**

- V. 5: Bei **„reifet"** handelt es sich nicht um eine Metapher, da dieser Begriff in den Bereich der Pflanzenwelt gehört und nicht aus einem anderen Bereich stammt.
- V. 7: Der Begriff **„brütet"** bezeichnet keine menschliche Verhaltensweise, sondern stammt aus der Tierwelt. Deshalb liegt hier eine Verbmetapher vor (keine Personifikation), die die fördernde Wirkung der Sonne auf das Reifen der Beeren in ein Bild fasst.
- V. 7: **„Mutter Sonne"** ist tatsächlich eine Personifikation, da der Begriff „Mutter" die Sonne vermenschlicht. Fasst man „Mutter" jedoch weiter (auch für das Tierreich gültig), dann muss man von einer Metapher sprechen.

- V. 8: Beim „**Scheideblick**" liegt keine Synekdoche vor, sondern eine Metapher, denn hier wird der Strahl der Sonne als Blick bezeichnet. Tertium comparationis ist das Verbindende von Blick und Strahl, beide Begriffe stammen aus unterschiedlichen Vorstellungsbereichen.
- V. 13: Den Begriff „**bethauen**" kann man als Metapher deuten, da hier ein Begriff aus dem Bereich der Pflanzenwelt („Tau") auf den Menschen („Tränen") übertragen wird. Tertium comparationis ist die Feuchtigkeit von Tau und Tränen.
- **Interpretationstext:** Die Tropen in Goethes Gedicht *Herbstgefühl* zeugen von einer starken Bildsprache. Mit ihnen wird eine Verbindung zwischen verschiedenen Bereichen hergestellt – zwischen Tier- und Pflanzenwelt („brütet", V. 7) sowie zwischen Mensch und Natur („Mutter Sonne", V. 7; „Scheideblick", V. 8; „bethauen", V. 13). Die Tropen dienen nicht nur der Veranschaulichung, in ihnen spiegelt sich auch ein Weltverständnis, das all diese Bereiche als eins betrachtet.

30 **Else Lasker-Schüler**
Mein blaues Klavier

Das Gedicht *Mein blaues Klavier* verwendet kein eindeutiges konventionelles Symbol | ~~mit den „Ratten" (V. 7) ein eindeutiges, konventionelles Symbol~~. Symbolisch aufgeladen wird der Gegenstand des Klaviers: Neben seiner konkreten | ~~abstrakten~~ Bedeutung als Instrument, das das lyrische Ich früher besessen hat, verweist es auf die glückliche Vergangenheit | ~~heitere Gegenwart~~, die angesichts der Verrohung der Welt (vgl. V. 4) nun verloren ist. Berücksichtigt man den historisch-biografischen Kontext, wird klar, dass hiermit die Gewaltherrschaft der Nationalsozialisten gemeint ist. Die Farbsymbolik ~~relativiert~~ | unterstreicht die positive Bedeutung des Klaviers: Blau steht unter anderem für Harmonie, Sehnsucht und Ausgeglichenheit. Der Verlust der glücklichen Vergangenheit wiegt für das lyrische Ich so schwer, dass es sich ~~die früheren Zeiten zurückwünscht~~ | den vorzeitigen Tod wünscht, wie die letzte Strophe des Gedichts andeutet.

31 **Beispiel für eine Vervollständigung:**

Jeder Tag ist mir **ein Jahr**,

Keine Sorgen plagen mich.

Die **hellen** Stimmen aus der Nacht,

am Tage sie verbergen sich.

Hyperbel

Synästhesie

32 **Clemens Brentano**
Abendständchen

Hör', es klagt die Flöte wieder,
Und die kühlen Brunnen rauschen.
Golden weh'n die Töne nieder,
Stille, stille, laß uns lauschen!
Holdes Bitten, mild Verlangen,
Wie es süß zum Herzen spricht!
Durch die Nacht, die mich umfangen,
Blickt zu mir der Töne Licht!

Deutung: Die verhältnismäßig dichte Durchsetzung des Gedichts mit Synästhesien betont die gleichzeitige Ansprache verschiedener Sinne (Töne, sprechen: akustisch; golden, Licht: visuell; süß: gustatorisch) durch die Musik. Die Trennung der Sinnesbereiche scheint kraft der Musik aufgehoben zu sein. Dies passt zum Ansatz der Romantiker, Grenzen zugunsten einer ganzheitlichen Wahrnehmung aufzulösen.

33 Alexander Xaver Gwerder
Ich gehe unter lauter Schatten

Gedicht	Satzart
Was ist denn das für eine Zeit –	Fragesatz (ohne Fragezeichen)
Die Wälder sind voll von Traumgetier.	Aussagesatz
Wenn ich nur wüsste, wer immer so schreit.	Wunschsatz (mit indirektem Fragesatz)
Weiss nicht einmal, ob es regnet oder schneit, ob du erfrierst auf dem Weg zu mir –	Aussagesatz (mit indirekten Fragesätzen)
Die Wälder sind voll von Traumgetier,	Aussagesatz
ich geh unter lauter Schatten –	Aussagesatz
Es sind Netze gespannt von dir zu mir,	Aussagesatz
und was sich drin fängt, ist nicht von hier,	Aussagesatz (mit Relativsatz)
ist, was wir längst vergessen hatten.	Aussagesatz (mit Relativsatz)
Wenn ich nur wüsste, wer immer so schreit?	Wunschsatz (mit indirektem Fragesatz)
Ich sucht' ihm ein wenig zu geben von jenem stillen Trunk zu zweit,	irrealer Aussagesatz
voll Taumel und voll von Seligkeit würd' ich den Becher ihm heben –	irrealer Aussagesatz
Weiss nicht einmal, ob es schneit oder regnet …	Aussagesatz (mit indirektem Fragesatz)
Sah die Sterne nicht mehr, seit ich dich verliess;	Aussagesatz (mit Temporalsatz)
kenn den Weg nicht mehr, den du mir gesegnet	Aussagesatz (mit Relativsatz)
und zweifle sogar, ob du mir begegnet –	Aussagesatz (mit indirektem Fragesatz)
Wer war denn das, der mich gehen hiess?	Fragesatz (mit Relativsatz)
Aber, du findest doch her zu mir – ?	Aussagesatz (als Fragesatz durch Fragezeichen)
Sieh, es wird Zeit, dass ich ende.	Aufforderungssatz, Aussagesatz (mit Konsekutivsatz)
Die Wälder sind voll von Traumgetier	Aussagesatz
und ich darunter, bin nicht von hier …	Aussagesatz
Ich gäb alles, wenn ich dich fände!	irrealer Aussagesatz (mit Konditionalsatz)

Der Satzbau hat einige hypotaktische Elemente, allerdings ist er syntaktisch insgesamt nicht übermäßig komplex, da sich kaum Verschachtelungen finden. Man kann hier von einem zurückhaltend hypotaktischen Satzbau sprechen.

Deutung: Die Satzarten sind durchaus vielfältig, da sich neben der häufigsten Satzart der Aussagesätze auch Fragesätze und Wunschsätze (und sogar ein Aufforderungssatz) finden. Diese unterstreichen die Zweifel und die Verunsicherung des lyrischen Ichs, die durchweg im Gedicht zu spüren sind: Das Ich stellt sich Fragen, die es sich nicht beantworten kann, und wünscht sich, mehr zu wissen.

34 Johann Wolfgang von Goethe: Der Fischer

Auffällig ist die Häufung der Adjektive in Strophe 3, in der die Nixe den Fischer zum Gang ins Wasser überreden möchte. Sie nutzt die Adjektive („liebe“, „doppelt“, „schöner“, „tiefe“, „feuchtverklärte“, „eigen“, „ew’gen“), um die eigene Welt attraktiv erscheinen zu lassen. Insbesondere in den Strophen 1 und 4 werden zudem viele Verben verwendet. In Strophe 1 wird damit die Situation des Fischens erfasst und die bewegte Natur dargestellt. In Strophe 4 veranschaulichen die Verben zudem die Verführung („Sie sprach zu ihm, sie sang zu ihm“, V. 29) und das Verschwinden des Fischers im Wasser.

Es finden sich einige Neologismen: „Menschenwitz“ (V. 11), „Menschenlist“ (V. 11), „Todesglut“ (V. 12), „wellenatmend“ (V. 19), „feuchtverklärt“ (vgl. V. 22). Diese Neologismen mit metaphorischem Charakter treten vor allem in der wörtlichen Rede der Nixe auf – sie unterstreichen die Besonderheit ihrer Worte und deren Bildlichkeit.

35 Friedrich Nietzsch
Die Krähen schrei’n

„schwirren“ (V. 2): Hierbei handelt es sich um eine Wortneuschöpfung, da ein Verb zu einem Adjektiv umfunktioniert wird. Der Neologismus ist zugleich lautmalerisch und verdichtet so die Charakterisierung des Vogelzugs.

Ernst Jandl
lichtung

„lechts“, „rinks“, „velwechsern“, „werch“, „illtum“: Die Wortneuschöpfungen machen den Kern dieses scherzhaften Gedichts aus, der in der Vertauschung der Buchstaben „r“ und „l“ besteht.

Test 3

Kennzeichnung der möglichen Punkte:
Halbe Punkte: [✗]
Ganze Punkte: [✓]

1

- V. 1 f.: Ellipse („Den Berg … graue Steine"): Beschleunigung der Bewegung durch den Wald mithilfe des Mittels der Verkürzung – das lyrische Ich bewegt sich offenbar durch den Wald. [✓]
- V. 1 f.: Repetitio („grauen", „graue"): Betonung der bedrückenden Stimmung [✗]
- V. 3: Repetitio („Lein", „Leine"): Betonen der dichten Folge der Bäume [✗]
- V. 4: Asyndeton („Straff, dunkel, kalt"): Unterstreichung der abweisenden Eindrücke [✓]
- V. 5–8: Ellipse („Verankern … Gewicht"): Verkürzung durch Weglassung des Subjekts, das in Strophe 1 genannt ist [✓]
- V. 9: Inversion („Mich"): Hervorhebung des lyrischen Ichs, das hier zudem zum ersten Mal benannt wird [✓]
- V. 9: Polysyndeton („Mich trägt und stößt und hemmt eine Scheu"): rhetorische Entsprechung zum Vorwärtsdrängen des Ichs [✓]

2

- V. 3: Alliteration („Lein um Leine"): klangliche Stützung der dichten Folge der Bäume [✓]
- V. 7: Alliteration („Stein … stoßen … schrammen"): lautliche Unterstreichung des Zusammenstoßens von Sonne und Stein [✓]
- V. 8: Alliteration und Binnenreim („Gedicht und Gewicht"): Zusammentreffen (vgl. V. 7) von „Gedicht" und „Gewicht" lautlich umgesetzt [✓]

3

- V. 10: Vergleich („wie eine kleine Spule"): Veranschaulichung des Laufes des lyrischen Ichs [✓]
- Die Wortkombinationen „Schwarzgewirr und Licht" (V. 5) und „Himmel und Erde" (V. 6) kann man als antithetische Fügungen einordnen [möglicher Extrapunkt: ✓].

4
- V. 3: Verbmetapher („ankern“) und Metapher („Lein um Leine“): Verbildlichung des festen Stands und der Verbindung der Bäume [✓]
- V. 5: Verbmetapher („Verankern“): Verbildlichung der Verbindung von Himmel („Licht“) und Erde („Schwarzgewirr“) [✓]
- V. 7: Pars pro Toto („Stein“): Stein steht hier für viele Steine, die Einzahl unterstreicht das „Material“ [✓]
- V. 11: Metapher („Tannenwebestuhle“): bildliche Weiterführung des vorangegangenen Vergleichs, Verbildlichung des Aussehens des Waldes [✓]
- V. 12: personifizierende Verbmetapher („webt“): Weiterführung des Vergleichs und der vorangegangenen Metapher, bildliche Betonung der das Ich verändernden Naturerfahrung [✓]

Hinweis: Ggf. kann man das Wort „Gewicht“ als Metonymie für Stein verstehen.

5
- Satzarten: Aussagesätze [✓]
- Satzbau: fast ausschließlich Hauptsätze, parataktisch gereiht, teilweise elliptisch (vgl. V. 1 f., V. 4); ein Konsekutivsatz (vgl. V. 7 f.) [✓✓]
- **Funktionsbestimmung:** Die dominierende Satzart der Aussagesätze passt zum Beobachtungen festhaltenden Sprechansatz. Der einfache Satzbau aus parataktisch gereihten Hauptsätzen macht den Inhalt leicht zugänglich. Umso stärker kann die ausgeprägte Bildlichkeit zur Geltung kommen. Die Satzreihung wirkt in Kombination mit dem zum Teil elliptischen Stil dynamisch. [✓✓]

6
- In der ersten Strophe dominieren Substantive und Adjektive. Sie vermitteln einen Eindruck von der gegenständlichen Umwelt (v. a. Substantive: Berg, Wald, Steine, …) und der herrschenden Stimmung (v. a. Adjektive: grau, kalt, straff …). [✓]
- In der zweiten Strophe finden sich viele Substantive und Verben der Aktivität. Hierin spiegelt sich die Naturwahrnehmung des lyrischen Ichs, das die Beziehung zwischen oben und unten, Himmel und Erde als gewaltsam begreift. [✓]

- In der dritten Strophe veranschaulichen die zahlreichen Verben (v. a. in V. 9) die Bewegung des Ichs durch den Wald. [✓]
- Auffällig sind die Neologismen im Text: Das Substantiv „Schwarzgewirr" (V. 5) verdichtet zwei Wahrnehmungen zu einem geheimnisvoll wirkenden Wort. In ihm fließen Farb- und Gestalteindruck zusammen. [✓] In der Wortneuschöpfung „Tannenwebestuhle" (V. 11) wird die Sachebene (Tannenwald) und die Bildebene (weben) miteinander verschmolzen, was die ohnehin starke Bildlichkeit des Gedichts und die individuelle Wahrnehmungsweise des lyrischen Ichs noch unterstreicht [✓].

Hinweis: Ggf. kann man auch im Wort „lendenhohe" (V. 2) einen Neologismus sehen.

Schritt 4: Interpretation

36
- [ ] Heyms Gedicht beschreibt eine Stadt mit ihren Häusern und Straßen.
- [x] Heyms Gedicht entwirft die Stadt als Seelenlandschaft des modernen Menschen.
- [ ] Heyms Gedicht verwendet viele sprachliche Mittel und hat die Form eines Sonetts.
- [ ] In Heyms Gedicht steht ein lyrisches Ich im Mittelpunkt, das eine Stadt wahrnimmt.

37 Droste-Hülshoffs Gedicht *An meine Mutter* verbindet die poetologische Reflexion über die Möglichkeiten und Grenzen der (dichterischen) Sprache mit dem intensiven Ausdruck der Gefühle eines Menschen für seine Mutter.

38 **Paul Zech: Fabrikstraße Tags**
Typisch expressionistische Merkmale:
- Thema: die moderne Großstadt
- Großstadt als Bedrohung des Ichs (Stadt erscheint beklemmender als Zuchthaus, vgl. V. 9)
- Neologismen („Bahnspur“, V. 3; „wassernass“, V. 4; „wolkt“, V. 8)
- eindrückliche, intensive Bildlichkeit (z. B.: „Gurt der Fassaden“, V. 2 f.; „Feuer aus dem turmhoch steilen Zaun“, V. 7; „klemmt […] in Eis“, V. 9 f.)
- Sonett-Form

Weniger typisch ist es, dass Zech keinen Zeilenstil verwendet, auch wenn er Einzelwahrnehmungen nebeneinander stellt.

39 Form der Interpretation des Gedichts *Herbstgefühl*:
Bei diesem kompakten Gedicht bietet sich eine aspektorientierte Interpretation an, da sich die Deutungen verschiedener Textstellen gut miteinander verbinden lassen – so zum Beispiel bei der Ansprache der Natur in V. 1, 4, 5 oder auch bei einzelnen sprachlichen Mitteln wie den Inversionen

(V. 1 und 4 oder auch V. 7, 8, 11, 13). Bei einer linearen Interpretation liefe man Gefahr, sich zu wiederholen, wenn man diese Stilmittel beim Durchgang durch das Gedicht mehrfach behandeln muss. Beachtet man diese „Stolperfalle“ jedoch, lässt sich das Gedicht aber auch linear analysieren.

40 a Kellers Gedicht spiegelt im Werden und Vergehen der Natur die menschliche Sehnsucht nach seelischer Erneuerung.

b Gliederungsvorschlag:

1. **Einleitung:** Kellers Gedicht als Beispiel für die Spiegelung menschlicher Wünsche in der Natur

2. **Hauptteil:** Aspektorientierte Interpretation

2.1 Äußere Form
2.1.1 Strophenbau: zwei Strophen mit je 8 Versen
2.1.2 Kreuzreim
2.1.3 vierhebiger (in geraden Versen um Senkung verkürzter) Trochäus

2.2 Inhaltlicher Aufbau
2.2.1 Strophe 1: Vergehen in der herbstlichen Natur als Vorbild für den Wunsch, die menschliche Aktivität und das zwiespältige Gefühlsleben mögen zur Ruhe kommen
2.2.2 Strophe 2 – 1. Quartett: ausdrücklicher Wunsch nach einer der Seele förderlichen Ruhezeit
2.2.3 Strophe 2 – 2. Quartett: Ausblick auf Erwachen der Liebe im Frühling

2.3 Wortwahl, Satzbau und Satzarten
2.3.1 Wortwahl: teilweise gehobene Wortwahl („Ruhestatt“ V. 4; „gedeihe“, V. 11; „Dräuend“, V. 16) als Signal für Gewichtigkeit des Themas
2.3.2 Satzarten: Wunschsatz und Aufforderungssatz als ausdrückliches Zeichen für das Begehren des lyrischen Ichs

2.4 Lyrisches Ich und Adressat
2.4.1 im Plural sprechend – das Ich in seinem Menschsein unter anderen Menschen
2.4.2 keine nähere Konturierung, aber deutlicher Ausdruck seiner Wünsche

2.5 Die Natur als Spiegel eigener Wünsche (unter Berücksichtigung sprachlicher Mittel)

2.5.1 mit „Wie" (V. 1) eingeleiteter Vergleich(ssatz): Herbstnatur als Vorbild für menschlichen Wunsch

2.5.2 euphemistische Periphrase („Ruhestatt", V. 4 – für Grab): Vergehen der Natur positiv

2.5.3 Personifikation der Natur („Lindenblatt / Müd", V. 2 f.; „weck[ende]" „Frühlingswende", V. 13 f.) und Apostrophe: Betonung der Natur als Vorbild und „Erfüllungsgehilfe" der Wünsche

2.5.4 Schnee als Ermöglicher eines erneuerten Innenlebens (vgl. V. 9)

2.5.5 (abkühlende) Ruhe (Adjektive „Still und kühl", V. 12) des Winters als Zeit der Seelenerholung / -erneuerung

2.6 Der Wunsch nach seelischer Erneuerung (unter Berücksichtigung sprachlicher Mittel)

2.6.1 antithetische Fügung („Unser Lieben, unser Hassen", V. 7): Verdeutlichung der Bandbreite an Gefühlsregungen

2.6.2 Wiederaufnahme der beiden Schlüsselwörter „Lieben" und „Hassen" (V. 14 f.): Wiedererwachen der Liebe, aber nicht des Hasses

2.6.3 Unterstreichung der Intensität des Wunsches durch Interjektion „o" (V. 9)

2.6.4 Assonanzen („Reiner, weißer [...] schneie", V. 9): lautliche Hervorhebung der Reinheit des Schnees und damit schon Andeutung seiner reinigenden Wirkung

2.6.5 Verbmetapher „gedeihe" (V. 11): Verbildlichung der Erneuerung des Seelenlebens über Naturbilder

2.6.6 Personifikation des menschlichen Innenlebens („Hass", „Hände", V. 15): Unterstreichen seiner Bedeutung

3. **Schluss:** Zusammenfassung und Einordnung in naturlyrische Tradition

Hinweis: Hierbei handelt es sich um eine sehr ausführliche Gliederung, in der detailliert die einzelnen Punkte aufgeführt werden. Eine Gliederung lässt sich auch kürzer halten. Wichtig ist, dass Sie sich mithilfe der Gliederung bewusst machen, wie Sie die Analyse konsequent aufbauen können.

Test 4

1 Cyrus Atabays Gedicht *Schutzfarben* bezeugt die Not politisch Verfolgter in totalitären Regimen bis hin zur Gefährdung der eigenen Identität durch die Notwendigkeit der Verstellung – es weist aber auch darauf hin, dass ein Überdauern dessen, was das Ich ausmacht, möglich ist.

Hinweis zur Selbstbewertung:
Andere Interpretationshypothesen sind selbstverständlich möglich – wichtig ist, dass Sie nicht in der Texterfassung „steckenbleiben", sondern eine Deutung vornehmen.

2 Aspektorientierte Analyse: Diese erscheint sinnvoll, da so der Gefahr der Wiederholung aus dem Weg gegangen werden kann (die ersten drei Doppelverse sagen z. B. auf verschiedene Art und Weise Ähnliches).

Hinweis zur Selbstbewertung:
Es ist aber dennoch möglich, eine lineare Gedichtinterpretation zu verfassen.

3 Gliederung:

1. **Einleitung**

2. **Hauptteil**
2.1 Aufbau
2.2 Sprechsituation
2.3 Die Verfolgung durch das Regime
2.4 Die Verstellungen des lyrischen Ichs als lebensrettende Maßnahme
2.5 Identitätsgefährdung: Unkenntlichkeit des Ichs
2.6 Identitätswahrung: Der Traum als geschützter Bereich
2.7 Form
2.8 Sprachgestaltung

3. **Schluss**

Hinweis zur Selbstbewertung:
Diese Gliederung ist nur exemplarisch zu verstehen, es sind auch andere Gliederungen denkbar.

Schritt 5: Schriftliche Ausarbeitung

41 Das Gedicht | ~~Sonett~~ | ~~Textlein~~ *Erster Schnee*, das hier in der Fassung von ~~1838~~ | 1883 | ~~1851~~ vorliegt, stammt aus ~~dem Expressionismus~~ | der Feder Gottfried Kellers | ~~Gottfrieds Keller~~. Darin artikuliert das lyrische Ich seinen Wunsch nach einem reinigenden Neuanfang, indem es die erhoffte Erneuerung | ~~Vergänglichkeit~~ | ~~Kreislaufhaftigkeit~~ des menschlichen Handelns und Fühlens mit der sich ~~im Herbst~~ | ~~am Tage~~ | im Winter bzw. Frühling verwandelnden Natur parallelisiert.

42 Die zweite Strophe ist von Bedingungsgefügen geprägt. Die Konditionalsätze werden hier mit der Konjunktion „wenn" (**V. 5,** 7) eingeleitet. Auch in der ersten Strophe ist eine Bedingung formuliert (**vgl. V. 1**), allerdings kann man das Satzgefüge auch temporal lesen: Das lyrische Ich blickt nach vorne und erläutert der angesprochenen Geliebten, wie gut sie als sein „~~eheliches~~ Weib" (**V. 1**) leben werde. Die Pointe des Gedichts liegt darin, dass das lyrische Ich in der Ehe zwar alle Ausfälle der Geliebten zu dulden bereit ist (vgl. **V. 5 f.**), aber es nicht auszuhalten meint, wenn sie seinen „~~Verse~~" (**V.** 7) kein Lob entgegenbringt.

eh[e]lich[es]

Verse[n]

43

Der Ausruf „ach" (V. 13) zeugt total von den riesigen Gefühlen des Ichs.	→	Der Ausruf „ach" (V. 13) zeugt von der Emotionalität des Ichs.
Das wirkt, als ob dem lyrischen Ich zum Heulen zumute wäre.	→	Das lyrische Ich ist so bewegt, dass es beinahe weinen muss.
Die Alliterationen „holden Himmels" und „Fruchtende Fülle" (V. 9 f.) machen einen tollen Klang.	→	Die Alliterationen „holden Himmels" und „Fruchtende Fülle" (V. 9 f.) unterstreichen klanglich die Freude des Ichs.

44 Die ~~Zeilen~~ Verse sind durch ~~ungewöhnliche Satzstellungen~~ Inversionen geprägt. ~~Der Erzähler~~ Der Dichter stellt nicht nur die ~~Wörter~~ Personalpronomen „Euch"/„euch" (V. 7, 8, 11, 13) an die Satzanfänge, um ihre Bedeutung zu unterstreichen, auch ~~vorgezogene Attribute~~ vorangestellte Genitivattribute finden sich: „der Mutter Sonne / Scheideblick" (V. 7 f.), „Des holden Himmels / Fruchtende Fülle" (V. 9 f.). Diese tragen zum gehobenen Stil des ~~Sonetts~~ Gedichts bei.

45 **Verbesserte Version**

In der ersten Strophe steht die erinnerte Zeit der ersten Liebe im Mittelpunkt. Ausgangspunkt ist die Rückkehr des lyrischen Ichs zu einem „geliebte[n] Baum" (V. 1). Die Apostrophe zeugt von der innigen Beziehung zu diesem – denn nicht etwa die einst geliebte Frau, sondern der Baum wird direkt mit den Personalpronomen „dich" und „du" (V. 1) angesprochen.

In V. 2 bis 4 geht das lyrische Ich zur Beschreibung der Erinnerung an den vergangenen Frühling über, in dem es seine erste Liebe erlebt hat. Dass das lyrische Ich damals den Namen der Geliebten in die Rinde geritzt hat, verdeutlicht die Tiefe der damaligen Gefühle. Hierbei geht es um das Ritual von Liebenden, die Liebe im Baum zu verewigen.

Durch das vorangestellte Genitivattribut „jenes Frühlings" (V. 3) werden die sinntragenden Wörter „Frühling", „schön" und „Traum" eng aneinandergefügt, wodurch die Einmaligkeit dieses Frühlings unterstrichen wird. Das metaphorisch zu verstehende Wort „Traum" (V. 3) vermittelt den Eindruck, dass das Erlebte der Wirklichkeit enthoben gewesen ist. Der Superlativ „schönstem" (V. 3) verleiht diesem zusätzlich einen außergewöhnlichen Charakter.

46

	1	2	3
In Strophe 2 beschreibt das lyrische Ich die wenig erbauliche Begegnung mit einem anderen Menschen.	☒	☐	☐
In der Wendung „Gras und Glas“ fallen Alliteration und Binnenreim zusammen.	☐	☒	☐
Das Bild des ins Eis geklemmten Denkens (vgl. V. 9 f.) unterstreicht die bedrängende Atmosphäre.	☐	☒	☒
In V. 12 werden vom Leben Begünstigte (vgl. „Purpur“) und weniger Begünstigte (vgl. „Büßerhemd“) einander gegenübergestellt, doch zeigt sich, dass dies für die Empfindungen der Menschen beim Gang durch die Straße keine Bedeutung hat (vgl. V. 13).	☒	☒	☒
Das Gedicht beginnt mit einer Ellipse.	☐	☒	☐
Das Gedicht ist von einem Reihungsstil geprägt, der jedoch nicht mit dem für den Expressionismus typischen Zeilenstil einhergeht.	☐	☒	☐
Die erste Strophe erfasst das äußere Erscheinungsbild der Fabrikstraße.	☒	☐	☐
Die Formulierung „turmhoch steile[r] Zaun“ (V. 7) ist eine Hyperbel.	☐	☒	☐
Das Gedicht vermittelt – und das ist typisch für den Expressionismus – am Beispiel einer Fabrikstraße ein düsteres Bild vom Leben in der Großstadt.	☐	☐	☒

47 **Variante 1:** Note 2; Begründung: Dieser Schlussteil fasst prägnant die Deutung des Gedichts zusammen. Außerdem wird im letzten Satz eine weiterführende, verallgemeinernde Lesart angeboten. Einen kleinen Abzug gibt es dafür, dass im dritten Satz noch einmal in die Textanalyse hineingegangen wird (Anführen des Vergleichs mit Wein).

Variante 2: Note 1; Begründung: Dieser Schlussteil weitet die Perspektive: Zum einen, indem er das Werk eines anderen bedeutenden Dichters in reflektierender Form einbezieht, und zum anderen, indem er von einer biografischen Lesart abstrahiert, um zu einer verallgemeinernden Deutung zu gelangen. Diese wird zudem zusammengefasst. Am Ende wird dann noch ein subjektiver Schlusspunkt gesetzt.

Variante 3: Note 4; Begründung: In diesem Schlussteil äußert der Schreiber zunächst eine sehr subjektive Wertung, die aber wenig plausibel ist (Kürze kann man kaum als Zeichen von Qualität sehen). Auch scheint er das Gedicht nicht verstanden zu haben – er deutet es als Ausdruck einer Liebesenttäuschung. Darüber hinaus enthält es ein Zitat – die Gedichtanalyse mit Textbelegen sollte aber hier schon abgeschlossen sein. Schließlich gehört die Nennung des Entstehungsjahres, das hier auch noch falsch wiedergegeben ist, nicht in den Schluss, sondern in die Einleitung.

48 **Korrigierte Version:**
In der dritten Strophe vergleicht das lyrische Ich die eigenen Veränderungen mit denen des Baumes, um schließlich festzustellen, dass es einen großen Unterschied gibt: Während sich die Einritzungen im Baum verwachsen haben, ist der Liebesschmerz des Sprechers geblieben. Zu Beginn der Strophe parallelisiert das lyrische Ich die Veränderungen des Baums mit den eigenen: Dies signalisiert schon das Adverb „Auch“ (V. 9), mit dem die erste Strophe beginnt. Durch das Hyperbaton – das „seitdem“ (V. 9) müsste eigentlich auf das Prädikat folgen – wird die zeitliche Perspektive unterstrichen: Einige Zeit ist seit jenem schönen Frühling vergangen. Die eigenen Veränderungen fasst das lyrische Ich im Verb „fortwachsen“ (vgl. V. 9), das eher auf die Pflanzenwelt zu beziehen und insofern metaphorisch ist. Durch diese Wortwahl betont es die Parallelisierung zum Wachstum des Baumes, die im Anschluss durch den Vergleich „wie du“ (V. 9) ausdrücklich benannt wird. Dass die Änderungen des Ichs ebenso gravierend sind wie beim Baum, verdeutlicht der darauffolgende Vers, in dem mit dem Indefinitpronomen „nichts“ (V. 10) die Beständigkeit jedweder Merkmale ausgeschlossen wird. Das adversative „Doch“ (V. 11) zeigt allerdings an, dass nun eine gegenläufige Aussage folgt – von der Parallelisierung von Baum und Ich ist der Schmerz, den die Trennung von der Geliebten verursacht hat, ausgenommen, wie das Bild von der wachsenden und nicht zuwachsenden „Wunde“ (V. 11) veranschaulicht: Im Unterschied zu den Einritzungen im ~~im~~ Stamm (auf ihre Art auch eine Wunde), die im Wechsel der Zeiten verschwunden sind, sind die „inneren“ Verletzungen geblieben. Die romantiktypische Spiegelung von Natur und Mensch findet hier daher ihr Ende. Die Repetitio „wuchs“ (V. 9, 11) und die Verwendung des z. T. alliterativen W-Lauts („wuchs“, V. 9; „wollt weilen“, V. 10; „Wunde wuchs – […] wuchs“, V. 11; „wird wohl“, V. 12) bindet die beiden Teile der Strophe aneinander und lässt den Kontrast von Parallelisierung (Teil 1) und Entgegensetzung (Teil 2) dadurch noch stärker hervortreten.

Test 5

Ausformuliertes Aufsatzbeispiel:

Einleitung
Autor, Textsorte, Titel, Jahr, Interpretationshypothese

Hugo von Hofmannsthal ist für seine schwermütige und zugleich sehr kunstvolle Lyrik bekannt. Die vorliegende Terzine *Ballade des äußeren Lebens* (1894) dieses Dichters der Jahrhundertwende von 1900 reiht sich hier nahtlos ein. Darin erscheinen die weltlichen Dinge belanglos und ohne Sinn, und doch wird dem menschlichen Leben eine besondere Bedeutung zugemessen, die sich offenbar vor allem in Anbetracht des Lebensendes zeigen soll.

Hauptteil
Formale Aspekte
Strophenform mit Abweichungen

Das Gedicht besteht aus sieben Strophen und einem Schlussvers, das terzinentypische Reimschema setzt erst in der zweiten Strophe ein. Auch das Gedichtende variiert das Terzinenschema, da sich in der letzten Strophe nur Vers 19 und 22 aufeinander reimen, Vers 20 eine Waise ist, während Vers 21 mit dem mittleren Vers der vorangehenden Strophe reimt. Die Bindung der letzten Verse an den Rest des Gedichts ist daher in formaler Hinsicht im Vergleich zu sonstigen Terzinen eher lose. Diese Tatsache stützt, wie sich zeigen wird, ihre inhaltliche Sonderstellung. Die Form der Terzine, bei der sich die Reime strophenübergreifend fortsetzen, passt zu dem im Gedicht thematisierten Lauf der Dinge, der von einem immergleichen Wechsel geprägt ist. Der fünfhebige Jambus ermöglicht einen gleichmäßig fortschreitenden Lesefluss, der durch die vielen reihenden „und"-Konjunktionen noch gestützt wird. Die vielen Doppelsenkungen an den Strophengrenzen und die Verslänge verhindern allerdings Dynamik, die auch nicht zum reflexiven Charakter des Gedichts passen würde. Gegen eine dynamische Lesart spricht auch die Strophe 5, in der durch die vielen Fragezeichen (auch innerhalb der Verse) Stockungen entstehen.

Deutung der Strophenform

Metrum / Rhythmus / Lesefluss

Doppelsenkungen und Verslänge

Aufbau des Gedichts
Sinnabschnitte

Das Gedicht lässt sich in drei Abschnitte einteilen: Im ersten Abschnitt (V. 1–12) beschreibt das lyrische Ich das Werden und Vergehen von Menschen und Pflanzen sowie die Eintönigkeit des menschlichen Seins. Der zweite Abschnitt (V. 13–19) ist von Sinnfragen geprägt – bezogen auf die zuvor geschilderten Erscheinungen der Welt und das Verhältnis des Menschen zu dieser. Der dritte Abschnitt (V. 20–22) hält der Infragestellung des Sinns die Überzeugung entgegen, dass das Endliche des menschlichen Wesens dennoch von dessen Bedeutsamkeit zeugt.

Lineare Analyse
Strophe 1
Deutung des Gedichtbeginns
Deutung der Attribute der Kinder
Beschreibung der Funktion eines Stilmittels sowie Deutung der Bildlichkeit

Das Gedicht setzt mit der Konjunktion „und“ ein. Dieser Beginn weist schon auf das kreislaufhafte Werden und Vergehen hin, da ein Anschluss an etwas Vorangegangenes suggeriert wird. Das lyrische Ich richtet den Blick zunächst auf die Kinder. Die „tiefen Augen“ (V. 1) lassen den Leser eine besondere Wahrnehmung der Welt erahnen, der Relativsatz („die von nichts wissen“, V. 2) bezeugt die Unschuld der Heranwachsenden. Der Vorgang des Größerwerdens wird durch die Repetitio „wachsen auf“ (V. 1 f.) unterstrichen. Angesichts dieser Charakterisierung wirkt es umso härter, wenn im Anschluss das Sterben der Kinder geradezu beiläufig notiert wird und die Ignoranz der Menschen – in dem Bild „alle Menschen gehen ihre Wege“ (V. 3) versprachlicht – deutlich wird.

Strophe 2
Inhaltserfassung
Deutung eines Bildes
Beschreibung der Funktion eines Stilmittels

In polysyndetischer Reihung beschreibt das lyrische Ich in der zweiten Strophe das Werden und Vergehen am Beispiel von Früchten. Die Reife der Früchte wird hier nicht wie sonst gerne als Bild für den Höhepunkt einer positiven Entwicklung ausgebaut, sondern für die Vergänglichkeit. Die rasche, dichte Folge des Niederfallens, Herumliegens und Verderbens der Früchte in nur zwei Versen unterstreicht die Schnelligkeit des Vorgangs. Der Vergleich mit „tote[n] Vögel[n]“ (V. 5) betont abermals die Vergänglichkeit des Seins.

Strophe 3
Inhaltserfassung
Deutung der Bildlichkeit
Beschreibung der Funktion eines Stilmittels
Deutung des Inhalts
Deutung eines Stilmittels

Die Eintönigkeit des Lebens wird in Strophe 3 exemplarisch angedeutet. Schon die Repetitio „immer“ (V. 7) zeigt den Mangel an Abwechslung an. In Anknüpfung an das Naturbild der vorangegangenen Strophe richtet das lyrische Ich den Blick zunächst auf den unablässig wehenden Wind, um dann aber parallelisierend das monotone Vorbeirauschen von Gesprächen („vernehmen wir und reden viele Worte“, V. 8) zu erfassen. Das Hyperbaton – das „wir“ steht in Sperrstellung – irritiert hier den Lesefluss und wirkt dem Eindruck von Harmonie entgegen. Der letzte Vers beschreibt zwar einen Wechsel zwischen „Lust und Müdigkeit der Glieder“ (V. 9), doch erscheint selbst dieser noch als eine Wiederkehr des Immergleichen, da „immer wieder“ (V. 7) syntaktisch auch hierauf zu beziehen ist. Die vermittelte Eintönigkeit umfasst dabei sowohl den eher geistigen Bereich (belanglos wirkende Gespräche, vgl. V. 8) als auch den Körper, der mit dem Pars pro Toto „Glieder“ (V. 9) bezeichnet ist. Die Monotonie des Geschilderten wird durch die polysyndetische Reihung noch unterstrichen.

Strophe 4 *Charakterisierung der beschriebenen Orte*

Deutung der Beschreibung

Beschreibung eines Stilmittels

Deutung der Wortwahl

In der vierten Strophe wendet des lyrische Ich den Blick vom Menschen zurück nach draußen: auf „Straßen" und „Orte" (V. 10). Diese sind allerdings als wenig freundlich beschrieben. Die feststehende alliterative Wendung „da und dort" (V. 11) zeugt von der mangelnden Bedeutung der Orte, die nicht präzisiert werden. Wahllos vermerkt das Ich, dass diese Orte „voll Fackeln, Bäumen, Teichen" (V. 11) seien. Das Asyndeton spiegelt dabei auf sprachlicher Ebene den Eindruck, dass sich die Orte dicht beieinander befinden (vgl. „voll", V. 11). Unabhängig davon wirkt der Vers aufgrund der Wortwahl sehr düster und verhängnisvoll: „drohende, und totenhaft verdorrte" (V. 12).

Strophe 5 *Berücksichtigung und Deutung der Satzarten*

Differenzierung des Inhalts

Mit Strophe 5 ändern sich die Satzarten. An die Stelle von Aussagesätzen, die zum Beschreibungsgestus der ersten vier Strophen passen, treten nun Fragesätze, in denen das lyrische Ich Sinnfragen formuliert. Es bezieht sich dabei einerseits auf die äußere Welt, die es in der vorangegangenen Strophe angesprochen hat, andererseits auf die innere Welt, auf die Empfindungen des Menschen. Es fragt nach dem Zweck der äußeren Erscheinungen (vgl. V. 13 f.) und den Gründen für die Veränderungen der menschlichen Innenwelt: „Was wechselt Lachen, Weinen und Erbleichen?" (V. 15)

Strophe 6 *Beschreibung und Differenzierung des Inhalts*

Deutung der Wortwahl

Einbezug des lyrischen Ichs

Die Fragenreihung wird in Strophe 6 fortgeführt. Konkreter wird nun nach dem Zweck („frommt", V. 16) all des zuvor Beschriebenen gefragt – und zwar, indem konkretisierend der Bezug zum Menschen („uns", V. 16) hergestellt wird. Die wohl metaphorisch zu verstehende Bezeichnung „Spiele" (V. 16) stellt dessen Ernsthaftigkeit und Bedeutung infrage. Das „Wir" präzisiert das lyrische Ich im Anschluss mit einem Relativsatz: „die wir doch groß und ewig einsam sind / und wandernd nimmer suchen irgend Ziele" (V. 17 f.).

Vermerken der Offenheit des lyrischen Textes

Stützende Auslegung

Ob das lyrische Ich damit den Menschen allgemein oder einen Teil der Menschen meint, wird nicht ausdrücklich gesagt. Da das Wörtchen „nimmer" (V. 18) allerdings andeutet, dass es auch Menschen gibt, auf die das Gesagte nicht zutrifft, ist von Letzterem auszugehen. Gestützt wird diese Auslegung dadurch, dass mit dem Adjektiv „groß" (V. 17) und der hyperbolischen Formulierung „ewig einsam" (V. 17) eine Erhabenheit der gemeinten Menschen suggeriert wird. Auch die im letzten Teil des Satzes angedeutete Absage an jegliches Begehren, für die das Bild eines

Wanderers, der kein Ziel hat (vgl. V. 18), verwendet wird, weist auf deren Besonderheit hin.

Die Sinnfragen, deren Häufung die Dringlichkeit der Selbstbefragung unterstreicht, reichen in die Abschlussstrophe hinein. Die Repetitio „frommt" (V. 19) hebt nochmals die Hinterfragung des Zwecks, des Nutzens hervor. Auch der ausgeprägten Welterfahrung („viel gesehen haben", V. 19) wird der Sinn abgesprochen. Waren die gestellten Fragen zunächst noch als echte Fragen zu verstehen, so handelt es sich spätestens bei dieser letzten um eine rhetorische Frage, da die negative Antwort hier vorausgesetzt wird.

Strophe 7 und V. 22
Beschreibung der Funktion eines Stilmittels
Differenzierung des Inhalts
Rhetorische Differenzierung

Davon zeugt auch das Ende der Terzine – denn das adversative „dennoch" (V. 20) ist nur sinnvoll, wenn zuvor keine Fragen gestellt, sondern Aussagen getroffen wurden. Es zeigt an, dass nun eine Einschränkung bzw. eine gegenläufige Aussage folgt. Das lyrische Ich setzt den zuvor geäußerten Infragestellungen jetzt die Bemerkung entgegen, dass das Lebensende des Menschen, für das die Metapher „Abend" (V. 20) steht, dennoch nicht bedeutungslos sei. Angesichts des Todes, dem der Mensch entgegensehen muss, kann er trotz seiner Beziehungslosigkeit zur Welt offenbar doch „Tiefsinn und Trauer" (V. 21) verspüren. Diese Wendung, die durch die metrische Abweichung – die Silbe „Tief" muss betont werden – noch hervorgehoben wird, bringt eine geistige und eine emotionale Ebene zusammen: War den Erscheinungen der Welt zuvor jeder Sinn abgesprochen worden, so kann das lyrische Ich nun sogar „Tiefsinn" erfahren. War zuvor auch die emotionale Bindung an die Welt implizit verneint worden, so kann nun doch „Trauer" empfunden werden. Die Bedeutungsschwere unterstreicht auch der Vergleich mit „schwere[m] Honig" (V. 22), wobei dieser – immerhin gilt der Honig als wohlschmeckend – mit anklingen lässt, dass die Empfindungen nicht rein negativ zu verstehen sind.

Deutung der Wortwahl
Verdeutlichung der Struktur
Deutung eines Tropus und des Inhalts
Genauere Bestimmung des Inhalts
Berücksichtigung metrischer Aspekte
Genaue Auslegung des Inhalts
Deutung eines Stilmittels

Hofmannsthal gibt seinem Gedicht den Titel *Ballade des äußeren Lebens*. Wenn auch die Gattungsbezeichnung im heutigen literaturwissenschaftlichen Sinne nicht korrekt ist, so scheint der zweite Teil des Titels doch insofern ins Zentrum des Gedichts zu treffen, als es vom Bezug des Menschen zur äußeren Welt handelt, der eine Bedeutung für das menschliche Leben abgesprochen wird. Allerdings erschöpft der Text sich nicht

Deutung ausgehend vom Titel des Gedichts

Herausstellen der Bedeutung der letzten Strophe

darin: Mit den letzten Strophen rückt das Innenleben des Menschen ins Blickfeld – und seine Haltung zum eigenen Lebensende, die mit tiefen Empfindungen verbunden ist. Ganz so bedeutungslos, wie es im Gedicht fast bis zum Ende scheint, ist das menschliche Leben also doch nicht. Es gewinnt Bedeutung vor dem Hintergrund seiner Vergänglichkeit.

Schluss

Literaturhistorischer Kontext

Das Gedicht fällt in eine Zeit, in der sich in der Literatur die naturalismuskritischen Strömungen der Jahrhundertwende herauszubilden beginnen. Die Abkehr von der engagierten Literatur des Naturalismus und seinem extremen Wirklichkeitsbezug ist in Hofmannsthals Terzine ebenso spürbar wie die Hinwendung zum Subjekt. Folgt man der Deutung, dass mit dem Wir nicht alle Menschen gemeint sind, sondern nur eine Gruppe, dann

Biografischer Kontext

kann man in dem Gedicht sogar jenen Elitismus wahrnehmen, der zum Selbstverständnis des Dichterkreises um den Autor Stefan George gehörte, dem Hofmannsthal in jener Zeit nahestand.

Abschluss mit impliziter Wertung

Insbesondere am Ende des Gedichts, das der Wirklichkeitsabsage etwas entgegenhält, zeigt sich aber schon die große Eigenständigkeit, die später unter anderem zum Bruch der beiden Dichter führen sollte.

Hinweis: Einen Schlussteil wie den hier vorgeschlagenen können Sie natürlich nur schreiben, wenn Sie Hofmannsthal und sein Werk entsprechend im Unterricht behandelt haben.

Hinweis zur Selbstbewertung: Es ist nicht entscheidend, dass Sie alle Punkte des Lösungsvorschlags auf diese Weise ausführen. Es sind durchaus andere Schwerpunktsetzungen möglich – so könnte man beispielsweise die Satzarten und -struktur mehr berücksichtigen und dafür die Inversionen weniger beachten. Um sich selbst zu bewerten, sollten Sie prüfen, ob Sie die Anforderungen beachtet haben, die Sie kennengelernt haben:

Einleitung

- Die Einleitung enthält alle wichtigen äußeren Informationen zum Text (Autor, Titel, Textsorte, Jahr).
- Die Einleitung gibt eine erste inhaltliche Orientierung bzw. stellt eine Interpretationshypothese auf.
- Der Sprachstil ist sachlich. Es wird keine Umgangssprache verwendet.

Hauptteil

- Die Analyseergebnisse (zu Inhalt, Form und Sprache) werden miteinander verknüpft und dienen als Beleg für die Gesamtdeutung.
- Den wichtigen und aussagekräftigen Analyseergebnissen wird vor den unwichtigen und weniger aussagekräftigen der Vorzug gegeben.
- Der Hauptteil bleibt nah am Gedichttext.
- Es werden Fachausdrücke in korrekter Weise verwendet.
- Der Sprachstil ist sachlich. Es wird keine Umgangssprache verwendet.
- Es wird korrekt zitiert.

Schluss

- Der Schluss fasst die Interpretationsergebnisse (ggf. wertend) zusammen.
- Der Sprachstil ist sachlich. Es wird keine Umgangssprache verwendet.

Der Gedichtvergleich

49 Die Aufgabenstellung verlangt die vollständige Interpretation beider Gedichte. Der anschließend geforderte Vergleich hingegen lässt die inhaltliche Ebene außen vor und fordert nur die Berücksichtigung der formalen und sprachlichen Ebene der Gedichte.

50 **Tabellarische Übersicht zum Gedichtvergleich**

„Vorfrühling“	„Schneeglöckchen“
Thema: Frühling als Beginn eines neuen, positiven Zeitabschnitts	Thema: Frühling als Beginn eines neuen, positiven Zeitabschnitts
Mitteilung einer konkreten Erfahrung (konkreter Zeitpunkt: „In dieser Märznacht“, V. 1; konkreter Ort: „aus meinem Haus“, V. 1; „Wall“, V. 4)	Zwar auch Konkretisierung („Garten heute“, V. 2), aber Hebung ins Allgemeine (vgl. V. 15–18)
Natur und Stadt	Natur (Garten)
Verschiedene Anzeichen des Frühlings: Geriche, Regen, Winde (vgl. V. 2 f.), vor allem aber starke Veränderung im lyrischen Ich („meinem Herzen“, V. 4; „mir im Blute rollten“, V. 6; vgl. auch V. 11 f.)	Nur ein zartes und vages Anzeichen des Frühlings: „wie ein leises Singen“ (V. 1), „Wie wenn laue Lüfte gingen“ (V. 3)
Frühlingserwartung scheint nicht enttäuscht zu werden	Frühlingserwartung enttäuscht
Natur als Anlass und Spiegel der Vorgänge im Ich, dabei expressionismustypische Übersteigerungen von Natur und Ich (vgl. z. B. V. 9, 11)	Naturbeschreibung als Bild für „Dichter“ (V. 15), die wie die Blumen umsinken, weil der Frühling nicht rechtzeitig kommt („Grab“, V. 18)

51 Der folgende Vergleich ist nach der zweiten Aufbauart strukturiert. In der Randspalte sind die betrachteten Aspekte aufgeführt, die dann jeweils für die beiden Gedichte durchgegangen werden:

Thema: Der Frühling und seine Anzeichen

Die Gedichte Stadlers und Eichendorffs teilen miteinander das Thema: Der Frühling erscheint darin als der Beginn eines neuen, positiv zu sehenden Zeitabschnitts. Jeweils wird jedoch nicht der Frühling selbst geschildert: Bei Stadler wird die Zeit ausdrücklich als Vorfrühling bezeichnet und bei Eichendorff zeigt sich, dass der Frühling sich zwar anzukündigen scheint, aber noch nicht gekommen ist. Dementsprechend fallen in Stadlers Gedicht die Anzeichen des Frühlings auch vielfältiger und deutlicher aus: Gerüche, Regen, Winde kündigen die neue Jahreszeit an. In Eichendorffs Gedicht hingegen bleiben die Anzeichen vage – es hat nur den Anschein, dass der Frühling kommt.

Ort

Stadlers Gedicht verbindet zudem das Frühlingsthema mit dem expressionismustypischen Stadtmotiv. Sein lyrisches Ich begibt sich aus der Stadt hinaus an den Stadtwall, von wo aus es in die Weite blickt. Bei Eichendorff bleibt der Blick auf den Garten und die darin herrschende Stimmung beschränkt.

Gestus

Der Beschränkung entspricht auch die zurückhaltende Naturbeschreibung, der bei Stadler eine starke emotionale Übersteigerung gegenübersteht.

Frühlingserwartung vs. Frühlingsenttäuschung

Bei Stadler wird die Frühlingserwartung auch nicht enttäuscht, dementsprechend entlässt er den Leser mit dem positiven Gefühl des Aufbruchs – ganz anders bei Eichendorff: Der Schein trügt, der Frühling kommt noch nicht, der kalte Winter herrscht noch über die Welt.

Mensch und Natur

Ein großer Unterschied besteht darin, dass die Stimmung beim Romantiker subjektlos vermittelt wird, da kein lyrisches Ich in Erscheinung tritt – während das lyrische Ich und dessen Empfindungen bei Stadler eine zentrale Rolle spielen: Die aufbruchsbereite Natur ist Anlass für die aufbruchsbereite Stimmung des lyrischen Ichs, ja sie spiegeln einander. Eine Entsprechung zwischen Mensch und Natur findet sich in Eichendorffs Gedicht aber in ganz anderer Art: Die

Naturbeschreibung wird in den letzten vier Versen zum Bild für den Dichter – so wie die Schneeglöckchen sich aus der Erde trauen, dann in ihrer Hoffnung auf den Frühlingsbeginn enttäuscht werden und deshalb zugrunde gehen, so ergeht es manchem Dichter, der mit seinen Texten die Frühlingszeit herbeidichten möchte, den aber angesichts des andauernden Winters die Lebenskraft verlässt. Eine solche allgemeinere, poetologische Ebene fehlt Stadlers Gedicht. Dieses geht ganz in der Beschreibung der intensiven Erfahrungen des lyrischen Ichs auf.

Test 6

Hugo von Hofmannsthals Sonett *Mein Garten* (1891) und Johann Wolfgang von Goethes kurzes Gedicht *Der Park* (entst. 1782, veröff. 1789) teilen miteinander das Thema: Im Mittelpunkt der beiden Texte steht ein Garten, der von Menschen angelegt wurde. Doch so ähnlich sie im Thema sind, so unterschiedlich gestalten sie es aus.

Einleitung
Autoren, Textsorten, Titel, Jahr

Hofmannsthals Gedicht ist von einem fünfhebigen Jambus geprägt. Die Länge der Verse sowie der reihende Stil in Verbindung mit unterteilenden Kommata wirken einem dynamisierenden Lesen entgegen. Ebenso verhindern die Auslassungspunkte, die besonders im zweiten Teil zu finden sind, einen beschleunigten Rhythmus.

Hauptteil
Gedicht 1: „Mein Garten"
Metrum, Versgestaltung

Auch wenn Hofmannsthals Gedicht keine strophische Einteilung aufweist, lässt es sich doch klar als Sonett identifizieren: Vierzehn Verse sind in zwei Quartette mit umarmendem Reim und zwei Terzette aufgeteilt, in denen ein identischer Reim (vgl. V. 9 und 14) einen Kreuzreim einschließt. Das Gedicht wird dadurch deutlich zweigeteilt, auch wenn ein nahezu bruchloser Übergang von den Vierzeilern zu den Dreizeilern vorliegt.

Strophenform

Die zweigeteilte Form des Sonetts nutzt Hofmannsthal in seinem Gedicht dazu, zwei Gärten einander gegenüberzustellen: Die Quartette beschreiben einen offenbar künstlichen Garten, der dem lyrischen Ich sehr gut gefällt. Die Terzette vermitteln einen Eindruck von einem zweiten, natürlichen Garten, der für das lyrische Ich ebenfalls äußerst positiv besetzt ist, nach dem es sich aber angesichts des künstlichen Gartens nun fast nicht mehr sehnt.

Deutung der Strophenform

Die Inversion (in Kombination mit einer schwebenden Betonung) zu Beginn des Gedichts betont bereits die positive Bewertung des künstlichen Gartens durch das lyrische Ich („Schön", V. 1). Zudem erfährt der Leser schnell, dass der Garten dem lyrischen Ich gehört („mein", V. 1). Erst dann erfolgt in Form einer reihenden Aufzählung die Beschreibung des Gartens in seinen einzelnen Teilen. Dass der Garten angelegt ist, zeigt sich schon an eindeutig künstlichen Elementen wie den „Wappengittern" (V. 3), dem „Gong" (V. 4), der „Voliere" (V. 6) und dem „Silber-

Lineare Analyse: Quartette (Beschreibung des ersten Gartens)
Deutung der Stilmittel

brunnen“ (V. 7). Doch auch die Bepflanzung und „Bevölkerung“ mit Tieren erweisen sich als künstlich. Darauf deuten zum einen die zahlreichen Verbindungen mit Wörtern hin, die Edelmetalle („goldnen“, V. 1; „Silbersäuseln“, V. 2; „Silberbrunnen“, V. 7) oder weitere wertvolle Stoffe („Diamantentau“, V. 3; „Topasmäandern“, V. 5) bezeichnen. Zum anderen leben die Tiere offenbar nicht (auch wenn das Träumen der Löwen etwas anderes andeuten mag): Die Löwen sind „eher[n]“ (V. 5), die Reiher „blinken“ (V. 6), scheinen daher metallisch zu sein und trinken deshalb „niemals aus dem Silberbrunnen“ (V. 7). Die Beschreibungen durch das im Hintergrund bleibende lyrische Ich gehen dabei ausschließlich auf die Wahrnehmung der Distanzsinne zurück: Neben den visuellen Eindrücken vermerkt das lyrische Ich auditive Eindrücke, die zur Harmonie dieses Gartens ebenfalls beitragen. Das „Silbersäuseln“ (V. 2) betont als alliterative Fügung und als Onomatopoesie die lautliche Ebene, der „Klang des Gong“ (V. 4) erhält eine besondere, belebende Bedeutung dadurch, dass er die – eigentlich leblosen – Löwen zum Träumen bringt.

Position des lyrischen Ichs

Bekräftigend und rahmend wiederholt das lyrische Ich nach der Beschreibung des Gartens am Ende des zweiten Quartetts seine Wertung und erweitert sie zugleich um das Wörtchen „[s]o“ (V. 8), mit dem es die Gegenüberstellung des zweiten Gartens einleitet: „So schön, ich sehn mich kaum nach jenem andern“ (V. 8). Mit diesem Vers unterstreicht das lyrische Ich die Vorrangstellung des ersten Gartens gegenüber dem zweiten, noch bevor näher auf diesen eingegangen worden ist. Gleichzeitig weist es darauf hin, dass dieser zweite Garten einmal von großer Bedeutung für es gewesen ist.

Terzette (Beschreibung des zweiten Gartens)

Der Wechsel vom ersten Garten zum zweiten Garten geht einher mit einer Erweiterung des Tempus: Zum Präsens des Oktetts, in dem die gegenwärtigen Eindrücke des lyrischen Ichs geschildert werden, tritt in den Terzetten das Präteritum, mit dem die Perspektive für den Garten, in dem das lyrische Ich „früher“ (V. 9) einmal gewesen ist, geweitet wird. Während der künstliche Garten indirekt durch das „mein“ (V. 1) verortet und so auch als Besitz charakterisiert wird, bleibt unklar, wo sich der zweite Garten befindet: „Ich weiß nicht wo ...“ (V. 10) Dies scheint für das lyrische Ich auch keine große Rolle zu spielen. Vor die Frage, wo er sich befindet, schiebt sich die Erinnerung an

Position des lyrischen Ichs

den Aufenthalt in diesem Garten. Im Unterschied zum ersten Teil ist das lyrische Ich nun sehr viel präsenter – schon durch die mehrfache Verwendung entsprechender Pronomen („ich", V. 9, 10, 12, 13, 14; „meinen", V. 11): An die Stelle passiver Wahrnehmung tritt nun Aktivität, die mit einem Begehren verbunden ist – das lyrische Ich sucht in diesem Garten nach Beeren. Von einer intensiven, näheren Beziehung zu diesem Garten zeugt auch die sinnliche Wahrnehmung desselben: Nicht mehr die Distanzsinne sind vorherrschend, sondern die Nahsinne der haptischen und olfaktorischen Wahrnehmung (vgl. den Tau an den Haaren, V. 11; „feucht und lau", V. 12; „weichen", V. 13; „Duft", V. 12; „rieche", V. 10). Auch hierdurch wirkt der zweite Garten im Vergleich zum ersten Garten, der als Ort der äußeren Schönheit erscheint, eher wie ein Erfahrungsraum. Die Wiederaufnahme des „Tau[s]" (V. 10 f., vgl. V. 3) macht dies besonders deutlich: Während der Leser mit dem „Diamantentau" (V. 3) Schönheit und Werthaltigkeit verbindet, ist es im zweiten Garten die sinnliche Erfahrung der „natürlichen Natur", die dem lyrischen Ich in eindrücklicher Erinnerung geblieben ist: der Geruch des Taus und das unmittelbare In-Kontakt-Kommen mit ihm. Die mehrfache Benutzung von Auslassungspunkten, die Gedankenpausen suggerieren, deutet dabei das langsame Heraufsteigen der Erinnerung an. Und auch die Inversion der Attribute „feucht und lau" (V. 12) zeigt an, wie sich nach und nach die sinnliche Erfahrung vergegenwärtigt.

Deutung der Stilmittel

Wiederum einen Rahmen schaffend schließen die zwei Terzette mit einer variierten Wiederholung des Beginns und dem identischen Reim (vgl. V. 14 mit V. 9), wodurch die Gedichtstruktur und die Gegenüberstellung der zwei Gärten noch einmal unterstrichen wird.

Bewertung der Gärten

Interessant erscheint die (implizite) Bewertung der beiden Gärten: Der künstliche Garten löst beim Ich so positive Gefühle aus, dass die Sehnsucht nach dem natürlichen Garten verdrängt wird – allerdings nicht vollständig: Das Ich sehnt sich nur „kaum" (V. 8) mehr nach diesem. Auch die Art, wie die Erinnerung an den Garten präsentiert wird, und der Umstand, dass die Erinnerung so viel Raum einnimmt, deuten darauf hin, dass im Ich durchaus noch die Sehnsucht präsent ist – auch wenn sich die Schönheit des künstlichen Gartens davorgeschoben haben mag.

Literaturgeschichtliche Einordnung

Bezieht man das Sonett auf die literarische Strömung, der Hofmannsthal nahestand, den Ästhetizismus, so kann man dieses Gedicht als Text über die Kunst lesen: Der Ästhetizismus setzte die Schönheit als den höchsten Wert und maß der Kunst und dem Künstlichen, mit denen sich die Schönheit „herstellen" lässt, eminente Bedeutung zu. Damit einher ging eine elitäre Distanz zu einem künstlerischen Schaffen, das einen starken Bezug zum konkreten Leben – sei es beispielsweise im politischen, ethischen oder lebensweltlichen Sinne – aufweist. Hofmannsthals Gedicht fasst diese Hinwendung zur Künstlichkeit ins Bild von zwei Gärten: Die Kunst und ihre künstlich geschaffene Schönheit werden über die Erfahrung der Welt und über weltliches Begehren gestellt. Und doch darf man darin, dass der erinnerte Garten unterschwellig weiterhin in seiner emotionalen Bedeutung präsent ist, auch einen gewissen Zweifel an der Rolle der Künstlichkeit lesen.

Gedicht 2: „Der Park"
Versgestaltung: Beschreibung und Deutung

Goethes Gedicht *Der Park* stellt wie Hofmannsthal einen Garten ins Zentrum. Allerdings realisiert er dieses Thema auf ganz andere Art und Weise, wie die Analyse zeigen wird.

Das Gedicht fügt sich als in reimlosen Distichen verfasster Text in die Weimarer Klassik ein. Diese Form gibt ihm einen gehobenen Ton und erzeugt einen typischen Rhythmus mit einer Satzspannung bis zur Doppelhebung in der Mitte der geraden Verse, die dann jeweils aufgelöst wird, und der Reihung von Doppelversen. Sein Thema ist ebenfalls ein künstlicher Garten bzw. ein angelegter Park. Die drei Doppelverse bestehen jeweils aus einem Satz. In den ersten beiden Doppelversen verleiht das lyrische Ich euphorisch seiner Freude an dem Garten Ausdruck, im letzten Doppelvers schränkt das lyrische Ich sein Lob jedoch insofern ein, als es ihm die Perfektion eines paradiesischen Orts abspricht.

Lineare Analyse: 1. Doppelvers
Deutung der Stilmittel

Die Euphorie zeigt sich schon daran, dass die ersten beiden Doppelverse durch Ausrufezeichen als Ausrufe markiert sind. Im ersten Satz apostrophiert das lyrische Ich den Garten als „himmlisc[h]" (V. 1). Diese Metapher erzeugt beim Leser schon zu Beginn die Erwartung, dass in dem Gedicht ein herrlicher, schöner Garten beschrieben werden wird. Dieser Garten ist nicht natürlich gewachsen, sondern „entspringt aus Öd' und aus Wüste" (V. 1) und geht insofern aus einer Umarbeitung der Natur hervor. Die Besonderheit dieses Gartens verdankt sich also nicht nur seiner Gestalt an sich, sondern auch den schwierigen Bedingungen: „Öd' und […] Wüste" (V. 1) stehen für die Unfruchtbarkeit der Gegend, der die Fruchtbarkeit des Gartens entgegensteht. Die Euphorie des lyrischen Ichs zeigt sich im nachfolgenden Vers an einer Klimax, die durch ein Polysyndeton noch intensiviert wird: Die Folge von Werden, Leben und Glänzen des Gartens (vgl. V. 2) beschreibt eine Steigerung vom bloßen Entstehen über erfreuliche Belebung bis hin zu einer eindeutig positiv besetzten Wertung. Das lyrische Ich, das hinter die Beschreibung und Bewertung des Gartens zurücktritt (es tritt nur einmal im Personalpronomen „mir", V. 2, in Erscheinung), ist daher Zeuge der Entstehung des Parks. Das Adjektiv „herrlich" (V. 2) unterstreicht die positive Empfindung angesichts des Gartens.

2. Doppelvers
Deutung der Stilmittel

Im zweiten Doppelvers wendet sich das lyrische Ich in einem erneut euphorisierenden Ausruf an die Erschaffer des Gartens. So schön ist das Ergebnis, dass das lyrische Ich es als Nachahmung der göttlichen Schöpfung anerkennen kann (vgl. V. 3). Die Preisung der Adressaten erfolgt auch mithilfe der Ansprache „ihr Götter der Erde" (V. 3), einer hyperbolischen Metapher, die ihnen quasi-metaphysische Schöpfungskraft attestiert.

Der Folgevers wirkt im Kontext der euphorischen Ansprache und wegen der Polysyndeta weniger wie eine reihende, erschöpfende Aufzählung der einzelnen Bestandteile des Gartens als vielmehr wie eine überschäumende Nennung der gerade ablaufenden Wahrnehmungen. Dieser Leseeindruck wird durch die Ellipse noch gestärkt. Als Akkumulationen umfassen die Wörter die gegenständlichen Elemente der Flora („Fels und See und Gebüsch", V. 4) wie der Fauna („Vögel und Fisch' und Gewild", V. 4).

3. Doppelvers: Zäsur
Deutung der Stilmittel

Mit Vers 5 verändert sich der Sprechgestus. An die Stelle purer Begeisterung tritt ein eher reflektierender Ton, der auch aus dem nun komplexeren Satzbau resultiert. Mit dem einzigen Nebensatz, der zudem in Sperrstellung steht, wird die Unvollkommenheit des Gartens erfasst, auf die sowohl der Begriff der Vollendung hinweist als auch die – erneut auf religiöse Bildlichkeit zurückgreifende – Metonymie „Eden" (V. 5), die für einen vollendeten Garten steht. Diese Unvollkommenheit verdankt sich dem fehlenden Glück und der fehlenden Ruhe der Schaffenden (vgl. V. 6), liegt also offenbar in den Schaffenden selbst begründet. Die anaphorische Repetitio („Fehlet […], fehlt“, V. 6) unterstreicht den Mangel. Das substantivierte Adjektiv „Glücklicher“ (V. 6) lässt sich dabei in zweierlei Bedeutung verstehen: Zum einen könnte gemeint sein, dass die irdischen Schöpfer vor rastlosem Tun die eigene innere Verfassung, das eigene Glück aus dem Blick verlieren; zum anderen lässt es sich so deuten, dass ihnen das Glück im Sinne einer genialen oder gar göttlichen Inspiration nicht zuteilgeworden ist, die eine Perfektion des Parks ermöglicht hätte. Der zweite Teil des Verses betont die Rastlosigkeit des Tuns (vgl. das Fehlen der „Ruh'“, V. 6). Die zeitliche Bestimmung der nötigen Ruhe („am Sabbat“, V. 6) bedient sich dabei erneut des religiösen Kontextes: Hier schwingt nun mit, dass mit dem blinden und ruhelosen Erschaffen gegen göttliche, heilige Gesetze verstoßen wird – der Sabbat ist im Judentum schließlich ein Tag der Ruhe, der auf den siebten Tag in der Schöpfungsgeschichte zurückgeht, an dem Gott sich nach der Erschaffung der Welt ausruht. Und diesen Tag hat Gott der Bibel zufolge als heilig gesegnet.

Aussage des Gedichts

Vollendung – so kann man das Gedicht deuten – lässt sich nicht durch die perfekte Nachahmung des Äußeren erreichen – vielmehr bedarf es dazu auch eines inneren Maßes, das das Innehalten im Schaffensprozess ermöglicht.

Literaturgeschichtliche Einordnung

Goethes 1782 entstandenes Gedicht lässt sich entstehungsgeschichtlich dem Sturm und Drang zuordnen. Die aus der Antike herrührende Form des Distichons weist allerdings eher auf die Klassik voraus als auf den Sturm und Drang hin. Zwar steht im Mittelpunkt des Gedichts der Mensch als schöpferisches, fast gottgleiches Genie – ein zentrales Merkmal der Epoche –, doch wird er nicht ganz epochentypisch ausgestaltet, denn er schafft nicht als individuelles Originalgenie aus sich selbst heraus, sondern ahmt nach. Die letzten Verse des Gedichts bleiben im Hinblick auf ihre Epochenzugehörigkeit uneindeutig: Man kann darin sowohl die Kritik eines Stürmers und Drängers an einer Aufklärung lesen, in der sich die Möglichkeit, etwas zu erschaffen, zur rastlosen und blinden Schaffenswut verselbstständigt, als auch die Kritik der Klassik an einem nicht Maß haltenden schöpferischen Tun. Das Gedicht lässt sich daher als Text an der Epochenschwelle deuten.

Gedichtvergleich
Inhalt

Betrachtet man die beiden Gedichte von Hofmannsthal und Goethe nebeneinander, so zeigt sich, dass sie zwar das gleiche Thema gestalten – es jedoch auf durchaus unterschiedliche Weise *aus*gestalten: Gemein ist ihnen, dass sie den Blick auf einen künstlichen Garten richten und diesen geradezu anpreisen. Während Hofmannsthal den Garten ausführlich beschreibt und dessen Schönheit benennt, verwendet Goethe zur Bewertung des Gartens eine eindrückliche Bildsprache, die sich sakraler Metaphern bedient. Zudem rückt Goethe auch den Schaffensprozess und die Schaffenskraft stärker in den Fokus, Hofmannsthal indessen verbleibt in der Beschreibung des Gartens selbst. Dessen Bewertung verknüpft Hofmannsthal mit der Darstellung eines natürlichen Gartens und der eigenen Erfahrung darin. Dem impliziten Vergleich der beiden Gärten bei ihm steht bei Goethe der implizite Vorhernachher-Vergleich gegenüber.

Position des lyrischen Ichs

Doch beide Dichter gehen über die Preisung des Garten hinaus – Hofmannsthals intensive Beschreibung des natürlichen Gartens sowie die Tatsache, dass das lyrische Ich immer noch eine Sehnsucht nach diesem verspürt, vermitteln den Eindruck, dass dieser Garten für das lyrische Ich nach wie vor von Bedeutung ist. Insofern ist das Lob des künstlichen Gartens in gewisser Weise eingeschränkt. Während diese Einschränkung bei Hofmannsthal eher unterschwellig ist, benennt Goethe sie eindeutig. Eine Vollendung des Parks zum Paradiesgarten erklärt das lyrische Ich für nicht möglich, da die Menschen in ihrer Fokussierung auf das Erschaffen des Gartens sich selbst zu vergessen scheinen – die schöpferische Rastlosigkeit der Menschen verhindert eine vorübergehende Distanznahme vom Projekt, die erst die Perfektion ermöglichen würde.

Schluss
Epochenbezug

Vergleicht man die beiden Texte im Hinblick auf ihren historischen Kontext, so zeigt sich eine weitere Differenz: In Hofmannsthals *Mein Garten* darf man in der Preisung künstlicher Schönheit einen Bezug zum gewollt lebensfernen Ästhetizismus mitlesen, wobei der zweite Teil des Gedichts auch schon einen gewissen Zweifel daran spürbar werden lässt. Goethes Gedicht kann der Leser – wenn er die Perspektive weitet – vor dem Hintergrund des Sturm und Drang und der Klassik als Lob menschlicher Schaffenskraft deuten, zugleich aber auch als Kritik an einem blinden, sich verselbstständigenden (Er-)Schaffen.

Glossar

Adressat
Siehe S. 18 f.

Akkumulation (auch: Accumulatio)
Anhäufung von Wörtern, die thematisch zusammengehören und meist einen (genannten oder ungenannten) Oberbegriff auffächern (z. B.: „Häuser, Straßen und Parks" für den Oberbegriff „Stadt")

Alexandriner
Siehe S. 32

Allegorie
Ausführliche Verbildlichung (vergleichbar mit einem Gleichnis) – einer meist abstrakten, allgemeinen Vorstellung oder Idee durch etwas Gegenständliches; wird oft auch als ausgeführte Metapher bezeichnet (z. B. wenn der Lebenslauf als eine Reise mit verschiedenen Stationen und Erfahrungen dargestellt wird); als Allegorie bezeichnet man gelegentlich auch Figurationen wie die Justitia (für die Gerechtigkeit)

Alliteration (auch: Stabreim)
Siehe S. 34, 58

Allusion
Anspielung, die sich auf etwas Vergangenes oder einen literarischen Text etc. bezieht – z. B. bekannte Sätze, Personen oder Geschehnisse („Er hat zwar gelogen, hat aber keine lange Nase bekommen" als Anspielung auf die Geschichte des Pinocchio)

Anakoluth
Satzbruch – die syntaktische Konstruktion eines Satzes weist einen Bruch auf, der Satz wird grammatikalisch nicht korrekt zu Ende gebracht („Doch wo die Not, um die das Mitleid weint, / Nur wie der Tropfen an des Trinkers Hand, / Indes die dunkle Flut, die keiner meint, / Verborgen steht bis an der Seele Rand –.", Annette von Droste-Hülshoff)

Anapäst
Siehe S. 24, 28, 41

Anapher
Siehe S. 527

Antiklimax
Steigerung ins Negative, Gegenstück zur Klimax (z. B. „er stolperte, krabbelte, kroch")

Antithese
Siehe S. 61

Aposiopese
Rhetorische Figur der Auslassung: plötzlicher Abbruch eines Satzes, bevor das Wesentliche geäußert wurde – in der Regel unter Verwendung von Auslassungspunkten (z. B. „Wenn ich dich in die Finger kriege …")

Apostrophe
Siehe S. 63

Assonanz
Siehe S. 34, 58

Asyndeton
Siehe S. 53

Auftakt
Siehe S. 28, 30

Ausruf (auch: Exclamatio)
Siehe S. 56, 63

Ballade
Gedichtform, die Elemente der drei Gattungen Lyrik (z. B. festes Versmaß), Dramatik (z. B. Rede und Gegenrede) und Epik (z. B. erzählerische Handlungsdarstellung) in sich vereint und oft ein ungewöhnliches bzw. geheimnisvolles Geschehen aus Geschichte, Sage und Mythos, häufig mit tragischem Ausgang, schildert (z. B. Goethes *Erlkönig*)

Binnenreim
Siehe S. 58

Blankvers
Siehe S. 32

Chiasmus
Siehe S. 61

Chiffre
Wörter / Wortfügungen mit bildhaft-sinnfälligem Charakter, aber ohne selbstverständlichen Bedeutungsgehalt; Chiffren haben insofern eine verschlüsselte Bedeutung, deren Sinn sich im Zusammenspiel mit anderen vom Dichter gesetzten Bedeutungen, Zeichen und Assoziationen ergibt (z. B. „Schwarze Milch der Frühe", Paul Celan); Chiffren stehen Symbolen nahe und finden sich vor allem in der modernen Literatur

Contradictio in adiecto
Sonderfall des Oxymoron, Kombination eines Adjektivs mit einem dazu widersprüchlichen Substantiv („alter Jüngling")

Correctio
Siehe S. 55

Daktylus
Siehe S. 24, 28, 30, 41

Distichon
Siehe S. 44

Dreier-Figur
Siehe Trikolon

Elegie
Gedichtform, die inhaltlich durch wehmütige Erinnerung, Klage über Verlust bzw. Trennung und / oder Sehnsucht nach einem Ideal bestimmt ist; formal geprägt durch meist reimlose, aber kunstvoll geformte Hochsprache; im ursprünglichen antiken Verständnis ein in Distichen verfasstes Gedicht

Elision
Weglassung unbetonter Laute (oft durch Apostroph ersetzt), in Gedichten häufig zugunsten eines regelmäßigen Metrums („Sel'ge Zeit" statt „Selige Zeit")

Ellipse
Siehe S. 39, 56

Emphase
Nachdrückliche Betonung eines Worts zur Intensivierung der Emotionalität, oft in Verbindung mit einem Ausruf („Leben muss man als Mensch!")

Endreim
Reimstellung, bei der der Reimklang am Versende auftritt (z. B. „Vergangen ist der lichte Tag, / Von ferne kommt der Glocken Schlag", Joseph von Eichendorff)

Enjambement (auch: Zeilensprung)
Fortsetzung eines Satzes über die Versgrenze hinaus; es lassen sich starke Enjambements, bei denen die Versgrenze eng zusammengehörende Wörter trennt („ihr, die ihr euch mit der Kraft der unbekannten / Gestirne umwickelt […]", Nelly Sachs), und schwache Enjambements („Die letzten roten Astern trag' herbei / Und laß uns wieder von der Liebe reden", Hermann v. Gilm zu Rosenberg) unterscheiden

Enumeration
Erschöpfende Aufzählung der Bestandteile eines größeren Ganzen („Laterne, Laterne, Sonne, Mond und Sterne“, aus einem Kinderlied)

Epigramm
In der Antike eine Inschrift auf Gebäuden oder Denkmälern, später Gattung der Gedankenlyrik: weiser oder satirisch-witziger Sinnspruch mit oft antithetischem Aufbau und Pointe, häufig in Distichen verfasst

Epipher
Siehe S. 52

Euphemismus
Ersetzung eines Worts durch einen aufwertenden, beschönigenden Begriff bzw. aufwertende, beschönigende Umschreibung („von uns gehen“ statt „sterben“)

Exclamatio
Siehe Ausruf

Füllungsfreiheit
Siehe S. 30 f., 44

Geminatio
Sonderfall der Repetitio: unmittelbare Wiederholung eines Wortes bzw. einer Wortfügung („Steh auf, steh auf vom Meeresschooß!“, Richard Dehmel)

Haufenreim
Siehe S. 37

Hebung
Siehe S. 24 ff.

Hebungsprall
Siehe S. 30

Hexameter
Sechshebiger Daktylus, bei dem jeder Versfuß um eine Senkung verkürzt ist und der so zu einem Trochäus umgebildet werden kann

Hymne
Gedichtform: Lob- und Preisgesang mit feierlichem und / oder religiösem Inhalt, in freien Rhythmen, reimlos und ohne festen Strophenaufbau, häufig mit pathetischer Begeisterung; Verwandtschaft zur Ode

Hyperbaton (auch: Sperrung, Sperrstellung)
Zwei eigentlich zusammengehörende oder syntaktisch einander nahe Begriffe werden durch einen Satzteil getrennt, sodass die normale Syntax unterbrochen wird („Weh mir, wo nehm’ ich, wenn / Es Winter ist, die Blumen, und wo / Den Sonnenschein“, Friedrich Hölderlin)

Hyperbel
Siehe S. 72

Hypotaxe
Siehe S. 39, 75

identischer Reim
Siehe S. 34

Interjektion
Siehe S. 63

Inversion
Siehe S. 55

Invokation
Anrufung Gottes oder einer anderen höheren Macht, oft mit feierlichem Charakter („Musen, die ihr so gern die herzliche Liebe begünstigt“, Johann W. v. Goethe)

Ironie
Ersetzung des eigentlich Gemeinten durch sein Gegenteil („Das ist ja eine schöne Bescherung!“)

Jambus
Siehe S. 24, 28, 41

Kadenz
Siehe S. 28

Klimax
Siehe S. 61

klingender Reim (auch: weiblicher Reim)
Siehe S. 34

Kreuzreim
Siehe S. 37

Lautmalerei
Siehe Onomatopoesie

Lied
Siehe Volksliedstrophe

Litotes
Das Gegenteil des Gemeinten wird verneint („gar nicht übel“ statt „sehr gut“)

lyrisches Ich
Fiktives Ich, das als Sprecher in einem Gedicht erscheint (entspricht nicht dem Autor) und Gefühle, Erfahrungen, Erkenntnisse etc. mitteilt

männliche Kadenz
Siehe S. 28

Metapher
Siehe S. 65, 67

Metonymie
Siehe S. 67

Metrum
Siehe S. 24 f., 39, 41

Motiv
Siehe S. 114 f.

Neologismus
Siehe S. 78

Ode
Streng strophisch gegliederte Gedichtform in antiken Versmaßen, bei der ein Thema pathetisch ins Feierliche und Erhabene stilisiert wird (siehe S. 44); Verwandtschaft zur Hymne

Onomatopoesie (auch: Lautmalerei)
Siehe S. 58

Oxymoron
Siehe S. 61

Paarreim
Siehe S. 37

Paradoxon, Paradox
Scheinbarer Widerspruch, Gegensatz; oft in Verbindung mit einer Antithese („Der wahre Bettler ist allein der wahre König.“, Gotthold Ephraim Lessing)

Parallelismus
Siehe S. 55

Paraphrase
Erläuternde Umschreibung als ergänzender Zusatz („Fische, die stummen Meeresbewohner“); auch: Wiedergabe mit anderen Worten

Parataxe
Siehe S. 75

Parenthese
Einschub in einem Satz, in der Regel mit Gedankenstrichen markiert („Und an den Küsten – liest man – steigt die Flut.“, Jakob van Hoddis)

Pars pro Toto
Siehe S. 67

Pentameter
Sechshebiger, daktylischer Vers, dessen Daktylen an einigen Stellen verkürzt sein können; auf zwei Daktylen folgt eine Hebung mit anschließender Zäsur; dann wieder zwei Hebungen mit abschließender Zäsur

Periphrase
Umschreibung durch einzelne Merkmale des Gemeinten, meist eines Menschen („der Held aus Ithaka“ für Odysseus)

Personifikation, Personifizierung
Siehe S. 67

Polysyndeton
Siehe S. 53

reiche Kadenz
Siehe S. 28

Reim
Siehe S. 34 ff.

Reimstellung
Platzierung von Reimen im Vers (Anfangsreim, Binnenreim, Endreim)

reiner Reim
Siehe S. 34

Repetitio
Siehe S. 52

rhetorische Frage
Siehe S. 63

Rhythmus
Siehe S. 39

Romanzenstrophe
Strophenform mit vier trochäischen, vierhebigen Versen im Kreuzreim und abwechselnd weiblicher und männlicher Kadenz

rührender Reim
Reimqualität: Gleichklang von Wörtern bei Bedeutungsverschiedenheit (z. B. Lid – Lied)

schwebende Betonung
Siehe S. 30

Schweifreim
Siehe S. 37

Senkung
Siehe S. 24 ff.

Sonett
Siehe S. 46

Stabreim
Siehe Alliteration

Strophe
Abschnitt eines Gedichts: durch Abstand markierte Einheit aus zwei oder mehreren Versen, ggf. in bestimmter Form (z. B. Liedstrophe oder Stanze)

Strophenenjambement
Fortführung eines Satzes über die Strophengrenze hinaus

stumpfer Reim (auch: männlicher Reim)
Siehe S. 34

Symbol
Siehe S. 70

Synästhesie
Siehe S. 72

Synekdoche
Siehe S. 67

Tautologie
Verwendung zweier Worte, die gleichen (bzw. ähnlichen) Inhalts sind und von denen eines entbehrt werden könnte („nie und nimmer“); in anderem Sinne auch die Verwendung der gleichen Worte im Rahmen einer Gleichsetzung („eine Rose ist eine Rose“)

Terzine
Siehe S. 46

Totum pro Parte
Sonderfall der Synekdoche: Ersetzung eines Begriffs durch einen Oberbegriff mit weiterem Bedeutungsfeld („Haus“ für „Dach“)

Trikolon
Dreierverbund von Worten oder Wortgruppen, die parallelisierend, chiastisch oder auch steigernd miteinander verbunden sind („Will ich rasch mich ihr entziehen, Mich ermannen, ihr entfliehen“, Johann W. v. Goethe)

Trochäus
Siehe S. 24 f., 28, 30, 41

umarmender Reim
Siehe S. 37

unreiner Reim
Siehe S. 34

Verdinglichung
Gegenstück zur Personifikation: Zuschreibung nichtmenschlicher Merkmale an Personen („Dachdecker stürzen ab und gehn entzwei“, Jakob van Hoddis)

Vergleich
Siehe S. 65 f., 113 ff.

Vers
(meist metrisch gegliederte) Zeile eines Gedichts

verschränkter Reim
Reimschema: drei Reime werden voneinander durchkreuzt (abc abc)

Versfuß
kleinste metrische Maßeinheit, bestehend aus einer betonten Silbe und einer oder mehreren unbetonten Silben, auch „Takt“ genannt

Versmaß
Siehe S. 25, 32

Volkslied
Siehe S. 44 f.

Volksliedstrophe
Siehe S. 38

Waise
Siehe S. 44

weibliche Kadenz
Siehe S. 28

Wortspiel
Spiel mit ähnlichen (oder auch gleichen) Worten – vor allem durch leichte Abwandlung eines Wortes, wodurch dieses in seiner Bedeutung verändert wird (z. B.: „Wer rastet, rostet“)

Zäsur
(meist) syntaktisch bedingte Pause im Versinneren (siehe S. 39)

Zeilensprung
Siehe Enjambement

Zeilenstil
Syntaktische Gestaltung der Gedichtverse, bei der die Satz- oder Satzglied-Enden regelmäßig mit den Zeilen-Enden übereinstimmen, sodass höchstens schwache Enjambements (Zeilensprünge) vorliegen

Bild-/Textnachweis

Bildnachweis

Umschlagbild: © Lukas Kastner/Shutterstock
S. 1: gold36 – Fotolia.com
S. 5: © Matthew Gibson / 123RF
S. 11: © Fotoschlick/AdobeStock.com
S. 12: Honoré Daumier/Galérie physionomique
S. 14: © Florilegius / Alamy Stock Foto
S. 17: The Yellow Spinner, 1918, Serusier, Paul (1864 –1927) / Galerie L'Ergastere, Paris, France / Bridgeman Images
S. 20: Eric Isselee. Shutterstock
S. 23: sakkmesterke – Fotolia.com
S. 26: © Jürgen Fälchle/AdobeStock.com
S. 29: elinacious – Fotolia.com
S. 31: vetre – Fotolia.com
S. 36: © bpk/Bayerische Staaatsgemäldesammlungen
S. 37: © Marty Kropp/AdobeStock.com
S. 38: Caravaggio: Der kranke Bacchus
S. 42: SENTELLO – Fotolia.com
S. 43: larshallstrom – Fotolia.com
S. 45: © PetarPaunchev/AdobeStock.com
S. 51: MarekPhotoDesign.com/Adobe Stock
S. 57: rcfotostock – Fotolia.com
S. 60: Walter Crane, Neptuns Pferde (1910)
S. 63: © Sergey Kohl | Dreamstime.com
S. 64. © K.-U. Häßler/AdobeStock.com
S. 65: blas – Fotolia.com
S. 66: © ธนพล สินสร้าง/AdobeStock.com
S. 68: © Deutsche Bundesbank, Frankfurt am Main [Public Domain]
S. 71: © Mulderphoto/AdobeStock.com
S. 73: Gyvafoto. Shutterstock
S. 74: C. D. Friedrich, Gebirgige Flusslandschaft bei Nacht
S. 77: © andreiuc88 – Fotolia.com
S. 79: monropic/Adobe Stock
S. 80: www.goethezeitportal.de

S. 81: Trueffelpix – Fotolia.com
S. 85: Jaume Plensa „Body of Knowledge", © VG Bild-Kunst, Bonn 2017
S. 89: okanakdeniz – Fotolia.com
S. 92: schajana1993 – Fotolia.com
S. 97: stockphoto-graf/Adobe Stock
S. 105: Visions-AD – Fotolia.com
S. 113, links: C.D. Friedrich, Der einsame Baum; rechts: Gustav Klimt, Lebensbaum
S. 116: © rangizzz/AdobeStock.com
S. 118: Anatolii – Fotolia.com
S. 121: Ernst Ludwig Kirchner, Blühende Bäume

Textnachweis

S. 15, 125: Erich Fried: Bevor ich sterbe; © 1976 Verlag Klaus Wagenbach, Berlin, S. 76
S. 19: Karin Kiwus: Im ersten Licht; © Suhrkamp Verlag, Frankfurt a. M. 1976
S. 20: Reiner Kunze: Bittgedanke, dir zu Füßen; © S. Fischer Verlag, Frankfurt a. M. 1986
S. 20: Ricarda Huch: Nicht alle Schmerzen; © 1971 Kiepenheuer & Witsch Verlag, Köln
S. 21: Hans Magnus Enzensberger: fremder garten; © Suhrkamp, Verlag Frankfurt a. M. 1957
S. 47: Thomas Mann: Monolog; © S. Fischer Verlag, Frankfurt a. M. 1966
S. 57: Günter Kunert: Den Fischen; © Carl Hanser Verlag München/Wien 1979
S. 77: Alexander Xaver Gwerner: Ich geh unter lauter Schatten; © Arche Verlag Zürich 1955
S. 78: Christine Nöstlinger: Auszählreime; © 1986 Beltz & Gelberg in der Verlagsgruppe Beltz, Weinheim/Basel. S. 174
S. 81: Erich Jandl: lichtung; Erich Jandl: Laut und Luise. In: Gesammelte Werke in drei Bänden. Hrsg. von Klaus Siblewski, 1985, Luchterhand Literaturverlag Darmstadt/Neuwied
S. 95: Cyrus Atabay: Schutzfarben; © Insel Verlag, Frankfurt a. M. 1974
S. 116: Ingeborg Bachmann: Keine Delikatessen; © 1978 Piper Verlag München/Zürich
S. 117: Günther Anders: Sprachelegie; © 1985 C. H. Beck Verlag München

PRÜFUNGS-ANGST

STOPP DIE PANIK

Mit der Fußsohlen-Methode

Prüfungen können Angst- und Fluchtsituationen sein. Dein Körper schüttet Adrenalin aus und dämpft das Gefühl in den Füßen. Z. B. beim Weglaufen ist es gut, wenn man die Füße nicht spürt. Eine Prüfung ist aber **keine Gefahrensituation**. Signalisiere deinem Körper, dass du nicht weglaufen musst, und bring das Gefühl in deine Füße zurück:

Setze oder stelle dich hin.
Die Füße müssen den **Boden** berühren.

Schließe jetzt deine Augen und **denke** dich in deine Füße hinein.

Fahre in Gedanken um die **Fersen**.

Spüre den **Druck** auf dem Boden.

Erkunde den **Bogen** deines Fußes.

von klein **spüre** jeden einzelnen **Zeh** bis groß.

Dein Körper **fühlt** die Füße wieder und denkt, er sei in keiner Panik-Situation, sondern in **Sicherheit**.

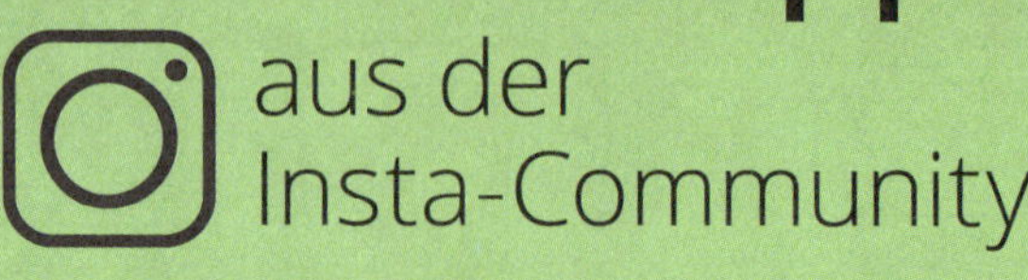

Chiara, 16

Verwendet Farben zum Lernen! Es wird viel übersichtlicher. Und wenn man den Lernzettel anschaut, ist man viel motivierter beim Lernen, weil er schön bunt ist.

Özgür, 20

Vergiss nicht, wie weit du bisher gekommen bist, und wie viel Potenzial in dir steckt.

Miriam, 18

Bewusst eine Auszeit zu nehmen ist effektiver, als alles nur aufzuschieben.